〔日〕松下幸之助 著

日本 PHP研究所 编

范玉梅 译

精进力

松下幸之助的人生进阶法则

人民东方出版传媒
People's Oriental Publishing & Media

东方出版社
The Oriental Press

图书在版编目（CIP）数据

精进力：松下幸之助的人生进阶法则／（日）松下幸之助 著；日本 PHP 研究所 编
范玉梅 译.—北京：东方出版社，2020.9
ISBN 978-7-5207-1578-2

Ⅰ.①精… Ⅱ.①松… ②日… ③范… Ⅲ.①松下幸之助（1894—1989）—人生哲
学 Ⅳ.①K833.135.38

中国版本图书馆 CIP 数据核字（2020）第 109148 号

MATSUSHITA KONOSUKE SEIKOU NO KINGEN 365
By Konosuke Matsushita
Edited by PHP Institute, Inc.
Copyright © 2011 PHP Institute, Inc.
First published in Japan in 2011by PHP Institute, Inc.
Simplified Chinese translation rights arranged with PHP Institute, Inc.
through Hanhe International（HK）Co., Ltd.

本书中文简体字版权由汉和国际（香港）有限公司代理
中文简体字版专有权属东方出版社
著作权合同登记号 图字：01-2020-0183 号

精进力：松下幸之助的人生进阶法则
（JINGJINLI：SONGXIA XINGZHIZHU DE RENSHENG JINJIE FAZE）

著　者：[日] 松下幸之助
编　者：日本 PHP 研究所
译　者：范玉梅
责任编辑：贺　方　钱慧春
责任审校：金学勇　谷轶波
出　版：东方出版社
发　行：人民东方出版传媒有限公司
地　址：北京市西城区北三环中路 6 号
邮　编：100120
印　刷：北京联兴盛业印刷股份有限公司
版　次：2020 年 9 月第 1 版
印　次：2021 年 7 月第 3 次印刷
开　本：787 毫米×1092 毫米　1/32
印　张：12.5
字　数：217 千字
书　号：ISBN 978-7-5207-1578-2
定　价：89.00 元
发行电话：(010) 85924663　85924644　85924641

为了成功，要不懈努力，直到成功为止。

松下幸之助

序 言

　　"刚刚，您说的是'哲学'吗？'哲学'，是什么呢？"这是松下五十一岁时问的一个问题。当时二战刚刚结束，世态炎凉，人心荒芜，他创立了 PHP 研究所，开始积极传播"通过物质和精神两方面的高度协调和繁荣为大家创造和平与幸福"的理念。有一次在会场讲话的时候，他被问道："松下先生，您所说的 PHP 是哲学吗？"他没能立刻回答，因为他并不明白"哲学"的意思，自然也就无法回答。

　　这时，松下幸之助的反应充分展示了他的做事风格。他反问了提问者，哲学是什么。虽然他在自己悟出的"哲学"中已经明确提出了 PHP，但是他并不知道"哲学"是一门学问。正因为不知道，所以他立即问了个究竟。

　　幸之助先生写了以《开辟道路》和《经营心得帖》为代表的众多著作。在五十多岁的时候，他仍在不断地向公司的员工传递着自己的思想。这些内容都是他深思熟虑之后总结出来的，通俗易懂。在哲学的层面上，他也用自己独特的语言持续地阐释着人生的真谛。

　　不管是在生活上，还是工作中，无论是作为经营者，还是思想家，虽然幸之助先生在五十多岁的时候也不知道"哲学"的定义，但是他一生都在与哲学打交道，并且身体力行，实践着自己的哲学。他比任何人都清楚地认识到从事哲学思考才是自己的使命，并且他以实践为基础不断提高自己独特的自主思考的能力，从而开辟了一条发展的道路。

已经功成名就的人能坦率地承认自己不知道的事情并毫无顾虑地提问是难能可贵的。我们应该首先看到他善于倾听的特质和为人处世的姿态。透过本书，大家可以清晰地看到幸之助先生是一个非常重视"自我思考"和"行动·实践"，乐于身体力行的人。

一定要"自我思考"。幸之助先生用一个词表达了他的这一观点，那就是"自问自答"。他不仅在自己的诸多著作中强调"自问自答"，而且在各种演讲中反复提倡。晚年的时候，幸之助又将其升华为"自我观照"。他用"自己提问自己回答"的方式养成了一种"回顾每一天、每个月、每一年的工作"的习惯。正是深切地体会到了这么做的效果，所以他不断向周围的人介绍"自问自答"的益处和重要性。

詹姆斯·C. 柯林斯通过《基业长青》这本书，强调了企业制定"基本理念"的重要性。然而，在这本书问世的半个世纪之前，松下幸之助就在其"知命元年"提出了"经营理念"，并与员工分享。近年来，关于重视企业合规性的呼声越来越高。松下先生早就提出了"企业是社会公器"的观点，倡导履行社会职责是企业义不容辞的义务。由此可见，松下先生的诸多观点是经得起岁月的洗礼的，是历久弥新的。

本书还收录了松下先生对员工的激励，例如"不能做到对比认识和自我认识的话是无法想象的"。用时下的语言来说就是"必须进行标杆管理"或者"经营要强化核心竞争力"。在任何一个时代，抓住真正重要的事情和拥有正确的思维方式都是至关重要的。越是了解幸之助的人生经历，就越能深刻地认识到：用自己的方式思考，反复吟味，得出答案，才是开启成功之路的钥匙。坦率地说，松下幸之助的活法就是"始终坚持用素直心对理所当然的事展开自我思考，用自问自答的方式采取行动"。我认为这种解释是妥当的。这句话既能够体现松下幸之助经营者的职业身份，又能很好地表现他作为思想家的特质。

研究"哲学"的幸之助先生，在晚年，最担心的就是日本的未来。这也是他成立松下政经塾的动机。时至今日，松下政经塾已经培养出了众多政界领导。时下的日本，人们的日常生活中充斥着媒体的各种声音，它们使人们对未来感到迷茫和不安。那些拥挤地排列在店面的图书也在撩拨着人们活下去、过上比别人更好的生活、比别人都成功的欲望。试想，看到如今的日本，松下幸之助先生又会说些什么呢？我想，就算是继承其遗志开展活动的 PHP 研究所也不是很清楚吧。但是，通过每天的自问自答，我们一定会接近事情发展的本质。

基于这种想法，我们策划了这本书。在进行整理的时候，我们在幸之助遗留下的图书和发言中，以《松下幸之助发言集》全四十五卷、月刊杂志《PHP》为中心的五十多本著作中选取了有益于现代职场人生活和工作的内容。在不改变原文意思和风格的基础之上，整理了幸之助靠亲身体验总结出来的人生经验。

这些记录数量庞大，导致工作十分艰难。我们尽量从中挑选出符合"当前的时代"的语言呈现在有限的篇幅中。

本书收录的都是对一个人的成长有助益的言辞。在整理的过程中，我们心中始终想象着一位有志青年如何从一名普通员工成长为经营者，之后成为生活的智者。

因为幸之助先生重视自我思考，所以在书中设置了"自问自答"，希望能帮助读者在结束一天的工作后进行自我反省。为了帮助读者更好地了解松下幸之助，我们还在本书最后简略地介绍了他的生平。

正如书名所示，我们在书中特别强调了人生和工作中需要注意的问题。虽然每一位读者都是与众不同的，但是我相信大家都能从书中找到打动自己的金句。衷心希望在每日的"自问自答"中，这些金句能够深入每位读者的心。本书如果能够成为大家通往更加美好人生的路标，我们将感到无比欣喜。

PHP 研究所　经营理念研究本部
2010 年 11 月 27 日　于松下幸之助诞生日

目　录

1月

活出自我

很多人经常会问我一些意想不到的问题，例如"您经营事业的秘诀是什么""您赚钱的窍门儿是什么""您成为亿万富翁有什么特殊的方法吗""您有什么擅长用人的办法呢"，等等，就如同我是经营之神，赚钱的天才。

这种时候，我经常会说："我认为这个世上，没有什么绝对的秘诀或是窍门儿，也没有一旦掌握就会万事皆成的妙法。"就我个人来说，我认为人间万事90%都要顺从天理，而我们个人努力所能达到的限度只有剩下的10%。

这样一说，必然有人认定我是一个宿命论者。但是，我所说的90%天理和所谓的"宿命论"意义是不同的。我想表达的是"绝对不要勉强"为之。不要去悖逆宇宙和大自然，而是要和宇宙和大自然融为一体。这才是人该有的正确的姿态。这样才会成功，才能有所收获，甚至成为亿万富翁。难道不是这样吗？因此，这其实是非常简单的事情。

自问
自答　　我认为成功没有秘诀，人力所能及的事情都是有限度的。"绝对不要勉强"为之，这也许就是我成功的秘诀吧！

个人的意志

我认为一个人的成功有90%都取决于命运，能由自己的意志来左右的只有10%。虽然我不知道对于你们这些年轻人，这么说好不好，但我的确是这么想的。

因为90%是既定的，所以没有努力的意义。我要说的是，虽然我们个人的努力只占到10%，但是通过个人努力完全能够100%地改变自己的命运，我想以此来激励年轻人。如果说命运是注定的，我自己也会觉得非常无趣。话说回来，至少大家都能安心立命，所以大可不必慌乱紧张。

和很多人一样，我也经历了各种人生的苦难。但是我并不认为我是凭借个人的力量克服困难的。我认为正是因为遇到了当时那种情况，我才变成了如今这个样子。我只是坦率地接受了自己的命运，然后顺势而为而已。所以，对于现在的自己，既没必要夸赞也没必要泄气。我就是这么思考的。

要认识到即便再怎么努力，我们能够改变的只有10%。虽然只有10%，但是只要我们努力，就会收获巨大的成果。

自问 自答	在人的一生中，个人意志所能左右的是"只有10%"呢，还是"还有10%"呢？

成功皆因运气

　　我原本就不否认"命运"的存在。换句话说，我觉得命运就在我们头上，虽然我们看不见，但它一直都在影响着我们的生活。

　　从我自身的经验来说，我的确是带着这样的认识走过来的。一直以来，事情进展顺利的时候，我会认为是我运气好，而事情进展不顺利的时候，我会觉得问题在我自己。我一直坚信成功是命运使然，而失败则是我个人的责任。

　　一旦事情发展顺利，就认为这是个人努力的结果，往往容易滋生骄傲和疏忽。而这点往往导致失败。事实上，人们所说的成功往往是就结果而言的，而在事物发展的过程中必然会有各种小的失败。这些小的失败只要再往前一步可能就会导致重大的失败。我们一旦有了骄傲和疏忽，就很难注意过程中的这些细节。而如果我们认为"这是因为运气好才取得的成功"，就会逐一反思这些小的失败。

　　同理，遇到不顺利，就将此归咎于命运，认为是运气太差，那么就很难从失败的经历中吸取教训。要是认为这是自己的做法存在过失，就会反省，不会再犯相同的错误。这就是"失败是成功之母"的意思吧。另外，如果我们能彻底地坚持认为"失败的原因在于自己"，就能事先避免导致失败的因素，做到防患于未然。

> **自问**
> **自答**
>
> 你是否将失败归咎于命运不济？
> 你是否自认为成功"只是"个人的努力？

受命运眷顾之人

　　如果我有像你这样的孩子或者孙子的话，一定会将自己的经历全部讲给他听。我会告诉他："虽然你有自己的想法，但是如果我说的多少有点道理，能引起你的共鸣，你为什么不试着去做一下呢？"

　　发挥自己的能力，心里充满喜悦地把今天的工作做好，我认为这样的人具有非凡的勇气。即使是对同样一件事情，有人想法非常保守，认为这种工作不能做；而有人则拥有开放的心态，认为这样的工作自己能干。前者一定会被命运打倒在地，后者则是顺应自然必会受到命运的眷顾。而我希望你始终是后者，也必须是后者。

自问自答	面对眼前的工作，你是否已经做好了准备？ 能否以积极的开放的心态投入准备工作之中？

梦想

　　任何人都不应失去希望，要怀有梦想。我时常在想，拥有梦想对于人的一生不知有多么重要！

　　我从小就是一个有梦想的人。可以说，我的工作全都基于我的梦想。常常会有人问我："您的爱好是什么？"我会回答："我没有什么兴趣爱好啊！不过，硬要说的话，实现梦想就是我的兴趣吧！"

　　事实上，我认为没有什么事情会比拥有梦想更了不起的了。因为无论你有多少梦想你都可以尽情地描绘。你可以到一个广阔而未开发的领域，成为那里的开拓者；也可以进行各种创造发明，对社会做出非凡的贡献；或是努力成为富甲一方之人。所有这些想法都可以是我们的梦想。我这种缺乏艺术想象力的人，难以对梦想进行完美的描绘。但是，我认为实现梦想充满了乐趣。我想将此定义为关于梦想的哲学。

自问自答	"工作源于梦想""梦想就是兴趣"，这样的人生也不错，不是吗？

无计可施

心怀大志，拼命努力，势必成功。创建松下电器最初就是为了维持生计，找个营生。因此，做梦都没有想过要建造大工厂。只是想着要是生了病也能维持生活就可以了，没想到它能够发展成今日的松下电器。但是，创办政经塾与此不同，是我一开始就决心全力以赴要做的事情。所以，我会坚定目标，矢志不渝。

二战后，我所有的资产都曾被冻结，更为糟糕的是，不仅没有什么工作，还要负责给一万五千名员工发放工资，我竟然成了日本最大的欠款大王。或许正因为我经历了如此无可奈何的事情才有了今天的收获。玉汝于成，人的一生中真的会遇到人力不能及的事。在这种情况下，你无处可逃也无计可施。尽管如此，只要我们志向坚定，势必能够坚持到底，获得成功。

| 自问自答 | 志向为何物？它不就是在你已经无能为力，无路可逃也无计可施的时候，支撑着你的力量吗？ |

矢志不渝

要做的事情和正在做的事情总是背道而驰。陷入这种状况，虽然我们竭尽全力，但总不尽如人意，令人烦恼不已。在漫长的人生旅途中，谁都会有这样的困惑。

这个时候最为重要的，依然是矢志不渝，坚持不懈，脚踏实地。事情很少马上就变得顺利。我认为唯有凭借强大的耐心和坚韧不拔的毅力，持之以恒，毫不松懈，脚踏实地才会获得相应的成果。

我二十二岁创业，开始销售自己设计的插座。我们用了四个月的时间制造出来的插座，卖的价钱还不到十日元。不要说继续工作，我已经到了不知道该如何活下去的地步。如果在那个时候，我放弃的话，自然就不会有今天的我，也不会有松下电器的今天了。这份事业是我反复思考下了极大的决心才开始的工作，就冲这一点，无论如何都难以舍弃。我反复思考："怎么才能造出更好的插座呢？"就在这种困苦的生活状态下，我坚持不懈地努力进行各种改良。然而就在年关逼近，困境加剧的危急关头，订单从天而降，有人咨询我们能否利用生产插座技术制造一个电风扇上用的部件。多亏了这个订单，我们总算打开了僵局，事业开始逐步走上正轨。

志向与眼下

"青年啊！一定要怀抱远大的志向！"这虽是一句老话却非常重要。我认为年轻人能胸怀大志砥砺前行是极为宝贵的。但是不能只是将这句话停留在口头上。

如果问我对于胸怀远大志向是如何思考的，我想说的是，实际上我在大家这么年轻的时候，没有受到过类似"青年啊！一定要怀抱远大的志向"这种话语的激励。回顾自己的二十岁，我的内心只有一个平凡的愿望，那就是无论如何都要把生活安定下来。我心怀虔诚，每天都在极其认真地思考"如何才能过好今天？今天我要拼命努力去尝试"等。要说到胸怀大志投入某项工作，说实话，我当时并不曾有过这样的想法。

五十年后的今天，当我回顾过去，虽然不能说自己胸怀大志取得了事业的成功，但是我认为通过认真努力度过每一天所获得的成果和胸怀大志的收获是一样的。

从我个人体验来看，一个人胸怀大志的确非常重要，也非常了不起。不过，由于胸怀大志，只是关注遥不可及的地方，是不是就会容易忽视眼下的每一天呢？有人胸怀大志却并未成功，也有人虽没有胸怀大志但专注于日积月累，最终也取得了与胸怀大志之人一样的成绩。如果要问我属于哪种情况，我觉得自己应该就是，虽没有胸怀大志，却取得了与胸怀大志者一样的成果。

自问自答 希望你能珍视自己胸怀的志向，但是也不能不珍惜眼下。

德行

如果你认为德行非常重要，无论如何都想提高自身的德行，可以说，你已经迈上了提高德行之路。与"德行就是这样的。请以这样的方式来做""好的，那我就照你说的做"不同，提高德行更加困难并且复杂，只能靠自己领悟。在这个领悟的过程中，我们可以进行一些这样的对话，比如"我们要提高自己的德行。所谓德行，到底是什么呢""是啊，那是什么呢"。由此展开我们的交流。

生而为人，最为尊贵的就是德行。因此，人必须提高自己的德行。话说回来，技术可以教授，也可以学习，而德行却既不能教也不能学，只能依靠自己领悟。

我曾给大家讲过释迦牟尼顿悟的故事。故事说的是：就算是释迦牟尼，也需要修行，虽然他并不畏惧任何艰难困苦，但在难以了悟的时候，他也是毫无办法的。而在能够了悟的时候，不费什么气力就顿悟了。

在我看来，释迦牟尼自始至终都在强烈地要求自己，"我想领悟，我想了解宇宙之道"。即使在他九死一生、晕倒气绝的瞬间，也不曾忘记这一点，因此才得以在菩提树下了悟了一切。

正因如此，我认为你能认识到德行的问题是一件好事，而能向我提出这样的问题，说明你已经踏上了提高德行的道路。所以，请你以这样的心理准备投入工作，我们一起好好地努力。

> **自问自答** 对自己认为重要的事物要抱有强烈的愿望。要抱有非常强烈的愿望！要自己去了悟！

心灵革命

我在一月十日，就年度经营方针进行过一次讲话。今年是非常糟糕的一年，要是我们畏缩不前，又或是意志消沉，那么这一厄运之年势必会变得更加凶险。我们绝对不允许出现这种情况。所谓厄运之年从另外一种角度来说，也是值得我们深思的一年，是让大家对那些平日里不曾思考的问题进行认真思索的一年。因为只有情况变了，我们才会去思考。如果在这个非常糟糕的年份，我们也能开展"心灵革命"的话，必然就会建立起将来取得巨大发展的基础。我想我曾给大家讲过诸如此类的话。

如此看来，厄运之年未必就是悲观之年，它实际上是一个崭新的开始，是值得庆贺的一年。所以，请大家务必认真去做每一件事。虽然我们要面对今天的不景气以及明天的各种困难，但是不要一味地畏惧，要勇敢地面对。可以说，正是在这样的时刻，我们才有可能改变自己对事物所持有的旧看法，才能去思考那些一直都被忽视的事情。我想说的是，虽说是不景气的一年，但是换个角度来看的话，它也会具有不同寻常的意义。公司已经加大力度开始开展各项活动，希望大家对此能有一个深刻的了解。

自问自答	厄运之年不是悲观之年。 它是值得庆贺之年，是改变思维方式的时机。

源于热爱

在职场上，当你作为负责人带领几名下属开展工作的时候，总会有不听从指挥的下属。有人总爱跟你理论，有人会误解你，有人难以对你坦诚相待并积极配合，总之一定会出现诸如此类的情况。一般来说，但凡遇到这种情况，谁都会觉得"这真让人受不了""太难处理了""真麻烦"吧。

就算你也是这么想的，也要安慰自己，还要改变想法，要思考"怎么才能消除这些误解，把下属培养成为优秀的人才？我一定要争取得到他们的协助"。如果不这样做的话，你将难以获得最后的成功。我认为，一个人是否能够改变自己的思维方式，改变自己的心态，和他自身是否喜欢这个工作密切相关。

如果你真心热爱这个工作，就会甘之如饴。即便觉得"这真麻烦，太难处理了"，但转瞬，你又能转变心态，生出勇气，并且觉得"克服这些困难真的是非常有趣"。

如若你讨厌这个工作，情况就会大有不同。人要是厌恶工作，渐渐就会被痛苦缠绕，陷入头痛不已的境地，进而演变成"真想逃离这份工作"。这样一来，工作目标自然也就难以实现。

自问自答	困惑的时候不要放弃，试着"重新思考"一次。

站起来

大家在阅读的《PHP》杂志，眼下已经发行了二十三年。我是在昭和二十一年（1946年）11月3日成立的PHP研究所，于第二年开始发行这一机关杂志，一直都没有间断。当时，我感到非常苦恼，日本政治到了无药可救的地步，谁也无能为力。极端地说，我几乎也被逼到不得不自杀的境地。

但是，那个时候，我一直都在默默忍耐，并决定开始PHP的研究。这可能就是我逃避的方式。我想，也许正是因为自己被逼到了这般困苦不堪的田地，才会去思考所谓的PHP。如果没有这些事情，如果我能在困苦中找到光明，也许我就不会思考PHP了。就在那个要失去光明的无比痛苦的时刻，我创造了PHP。这种感受就好像在就要坠崖的瞬间，一下子抓住了一根树枝一样。我认为紧紧抓住的树枝就是PHP。

因此，我认为人都会遭遇困苦，但有时这也是好事。我觉得人必须受点苦，但是千万不可陷入消极情绪之中，不能一味痛苦而无法自拔，要努力开辟出一个自己的天地，重新站起来。

我想，大家在工作的过程中，应该会遇到许多这样的情况。很多人都会轻易地放弃吧。这样一来，大多数人都会感到非常遗憾。我认为还是要忍耐再忍耐，因为这样的经历能锤炼出一个非常强大的自己，能帮助自己成长为一名优秀的人。

自问 自答	我们不能成为一个抱憾终身的人。

今天最佳，明天更要最佳

最近，人们常说的"老字号"也有不少都倒闭了吧？我认为，原因之一就是，很多时候它们被过去的"暖帘"束缚住了，无法适应社会的发展和变化。

诚然，前人传承经营保留下来的"暖帘"，包含了店铺的信用，是非常珍贵的。但是在变化如此激烈的今天，一味依赖过去的"暖帘"，就难以获得新的发展。对我们来说，重要的是准确地把握顾客的需求。为了时刻都能满足顾客的需求，我们每天都要努力建立起新的信赖关系。

即便自己的公司生产出了热销商品，也不能因此就感到安心，而要将这一商品当成竞品，思考接下来什么样的新商品才能让顾客更满意。我认为，这种每天都想着要去创造新面貌的姿态非常重要。

换句话说，今日的最好到了明天将不再是最好！明天必须创造出新的最好。

自问
自答　你是否每天都能够建立新的信赖关系？

真正的学习的时机

人，往往容易避难就易。如果公司持续五年或者十年都发展得很顺利，经营者不知不觉就会松懈下来，放松警惕，不能做好万全的准备。

当然，在众多的公司中，也有一些公司能持续顺利地发展十几年，经营上也没有疏漏。但是，这在很大程度上是因为领导相当警醒，从不疏忽大意。即使取得胜利也要勒紧腰带，提醒自己不可掉以轻心，必须严阵以待。十个公司中大概只有一个能做到这样，其余九个公司基本上以社长为首，大家都会心生怠惰。如果在这个时候，突然出现了经济萧条的情况，公司的问题就会骤然凸显，这是很常见的。

因此，从另外一个方面来说，公司大约三年出现一次小小的不景气，十年出现一次大的萧条，是有益无害的好事。事实上，景气的时候所做的一切，都是不景气的时候生存下去的保障。但是，无论一个人多贤明，在遇到事情的时候，如果不受点挫折就学不到什么东西。因此，我认为面对经济萧条的形势我们不能逃避而要勇敢面对，防范公司内部的松懈，彻底改善需要改善的地方。这就是人们所说的"正是在不景气的时候，大家才能够领悟经营的真谛从而增进智慧"的含义吧。

自问 自答	不景气和危机都会适时而至。 你是否有松懈的地方或者没有做好万全的准备？

　　　　全身心投入

严格来说，如果你将自己的身心都奉献给了本职工作，却并未从中感受到喜悦之情，那就必须结束这项工作。这并不是能力的问题，而是你有没有因全身心投入而感到快乐的问题。

我认为能力不足的人有很多。虽然能力有限却能全心全意地投入，这种做事的姿态很了不起，令人敬佩。这种姿态能感染人，让人深受感动。正因如此，他能够聚集众人的智慧和力量，从而创造出非凡的成果。

所以，如果你不能全心全意地投入工作，那么不管你有多么强的能力都无法得到充分的发挥，不可能取得巨大的成果。所以我无法理解一个人在全身心地工作的时候却无法从中获得乐趣的情况。

| 自问 自答 | 为何你不能断言这就是自己的本职工作？ 是不是因为你现在还不能全心全意地投入工作？ |

最少坚持三年

对于最初觉得无聊的工作，经过多年不懈的努力，你也会逐渐对其产生兴趣。而且，还能挖掘出一些自己之前并没有意识到的潜在能力。这样的事情经常发生。换句话说，所谓工作，越干就越能体会到其中的乐趣。而要过多久我们才能够体会到这种工作的趣味呢？这就如同谚语"如果在冰冷的石头上持续坐三年的话，石头也会变温暖"所说的一样，最少需要三年的时间。

以前，也就是在我年轻的时候，刚刚入职就立即辞职的人比现在要少得多。原因之一是当时工作的机会并没有现在这么多。但是，更重要的一个原因是我们经常从前辈或其他人那里听到"如果在冰冷的石头上持续坐三年的话，石头也会变温暖"这句话。而我也会时常这么告诉自己，不论怎样艰辛都要忍耐并坚持到底。而就是在这个过程中，我渐渐找到了工作的意义和乐趣。

在我看来，不论是过去还是现在，尽管工作的形式有所改变，但其本质并没有什么变化。

自问自答	是否已经体验了可以向后辈讲述的"最少坚持三年"的人生？是否已经明白了工作的乐趣所在？

不可好逸恶劳

老话说："要勇于承担艰辛的工作，主动去做苦差事。不能嫌苦怕累，吃苦受累是对人的一种历练，必须迎难而上，这样才能得到历练。"这也是我们在童年时接受到的教育。

我也曾听到过这样的教诲：人不能有厌恶辛苦这种好逸恶劳的脆弱之心，面对困苦必须砥砺前行，主动承担艰难的工作，只有这样才能成为一个真正的人，成为一个真正意志坚定的人。光有知识或者学问还不够，只有在内心深处产生高于知识和学问的强大的力量，才能让知识焕发生机，发挥它们应有的作用。没有这样的觉悟，知识就会成为障碍，成为人们出人头地的绊脚石。

当时，我觉得这是一种非常过分的说法。但在经历漫长的人生之后，当我再次回顾，我能深切体会到这些话语的可贵之处。

自问自答	自己究竟是不是一个意志坚强的人？ 是否充分活用了自己现有的知识？

人民东方出版传媒
东方出版社

稻盛和夫 项目组
—— 2020 ——
作 品 汇 集

稻盛和夫

创办京瓷公司和 KDDI 两家世界 500 强企业，并用一年的时间重建日本航空将其扭亏为盈，创造了日航历史上最高利润。代表著作《活法》《京瓷哲学：人生与经营的原点》《思维方式》。

扫描二维码
关注活法微信公众号
分享活法 传递稻盛哲学
电话（微信）15711140068

扫描二维码
了解"稻盛和夫专题"

2020 年新书

《付出不亚于任何人的努力》

稻盛和夫一路走来未曾改变的人生信条。改变自我、驱动他人，在职场、家庭发挥最大潜力的勇气之书。稻盛和夫领导生涯之洞见，各阶层领导者必读指南。

（平装）　　　　（精装）

新书

《心与活法》

稻盛和夫用丰富的人生和企业经营经历阐释何谓"心态决定命运"。全书分为三部分：度过美好人生，心与经营，人生哲学是我的精神支柱。强调心态一改天地宽，改变心态不仅可以重塑自己，也可以决定事态的发展。领导人必读。

新书

《培育孩子的美好心灵》

《活法》亲子实践版。

稻盛和夫写给全世界孩子的书，他说："人的一生最重要的事儿是培育美好的心灵。"让孩子拥有正确的思维方式。

新书

《稻盛和夫自传》

稻盛和夫亲笔撰写的唯一一记。由曹寓刚和曹岫云共同全新翻译。全书以稻盛和夫的人生经历完整再现稻盛哲学，思维方式决定人生，京瓷阿米巴的生成路径。

（平装）　　　　（精装）

新书

《稻盛和夫为什么能持续成功》

超级畅销书《活法》的必备辅助读本。摸清稻盛经营哲学的本质，了解"稻盛和夫"是如何炼成的，汲取成功人生的养分，成就幸福人生。了解其成功人生的成长轨迹。

新书

《稻盛和夫经营 50 条》

作者皆木和义作为盛和塾东京负责人，结合自身经营企业的实践，形成 50 条干货满满的心得体会，帮助企业走出困境。你只要做到其中一条就成为了稻盛和夫。

《日航的现场力》

独家取材稻盛和夫，《日航的奇迹》续篇。人人都是经营者，企业未来的竞争力就是员工的现场力。本书详实记录日航实现哲学共有和全员参与经营的全过程。

《日航的奇迹》

稻盛和夫亲自推荐。在稻盛和夫身边做了二十几年秘书的大田嘉仁执笔，真实记录了日航重建的全过程，阐释出了其中蕴含的经营与人生的真谛。更是给广大读者展示了一个稻盛哲学践行的鲜活案例。

《感召力：松下幸之助谈未来领导力》

松下资料馆首次公开"经营之神"松下幸之助的"活法"。感召力是一种人格魅力，是面向未来的最有人情味的领导力。本书旨在帮助有理想的普通人提升感召力。

《精进力：松下幸之助的人生进阶法则》

"精进力"就是始终"精心一志，努力上进"的能力。本书的 365 篇短小精悍的文章，囊括了松下幸之助的哲学思考，作为经营者对企业持续发展的思考，还有对年轻人的种种教诲。

《应对力：松下幸之助谈摆脱经营危机的智慧》

本书记录了松下电器在遭遇危及企业生存发展的经营困境之时，松下幸之助的应对举措。它是帮助企业摆脱困境的宝典，更是领导者带好团队、打造精英团队的必备读物。

《连接》

职业策划人的操作准则。手把手教你成为一流策划高手。让定位发挥作用的方法。与客户的连接有多深，产品的销售力就有多强。

《传心》

集结作者多年对人生的思考，涉及人生的方方面面，读者可以从中学到诸多古人经典智慧。智慧宝典 + 精美手账，创新设计，边读边记。红色是国色，以此为封面主色，寓意人生和事业蒸蒸日上。

《会心》

作者凝练中国文化的精华及对人生的思考，365 条"一日一语"，每日读一条，每日都有收获。精美手账设计，爱马仕橙封面，有质感有品味，可边读边记。

《稻盛哲学与阳明心学》

作者曹岫云是稻盛和夫代表作、畅销 460 万册《活法》的译者，以通俗的阐释与权威的案例，告诉你如何用稻盛哲学与王阳明心学解决工作、生活中的难题。哲学和心学是拿来用的。

《稻盛和夫的成功方程式》

"稻盛哲学"的深度解读！
日航重新上市的再生之道！

《稻盛和夫记》

通过讲述稻盛和夫 60 多个工作和生活中的故事，帮助读者全方位地了解经营之圣稻盛先生的传奇人生经历和经营哲学。

《稻盛和夫的哲学》

稻盛和夫思想的具体呈现。用浅显易懂的语言，从心智、欲望等多个维度深入探讨了"人为什么活着"这一哲学基本命题，并由此展现作者深刻的人生与经营智慧。

《心法之贰：燃烧的斗魂》

"燃烧的战魂"是稻盛先生一直提倡的"经营十二条"中的第 8 条。他在书中探究了"人心究竟拥有多强大的力量"，也就是人生应有的状态。

《心法之叁：一个想法改变人的一生》

稻盛先生现身说法，回顾自己的人生岁月，畅谈"思维方式的重要性"。本书相当于一部事业传记。

《心法之肆：提高心性 拓展经营》

稻盛和夫的处女作，回顾了在 50 年的经营管理过程中，所经历的种种困难和获得的经验教训，综合阐述了其哲学思想。最终提出了"提高心性拓展经营"是人生和事业的追求。

《利他心》

畅销书《活法》的思想源泉。利他是人生和经营的原点。

《思维方式》

本书详细阐释了稻盛和夫坚持的作为人应该有正确的"思维方式"的哲学，从而追求人的无限的可能性。

《京瓷哲学：人生与经营的原点》

本书是稻盛和夫的"想法"和"活法"的原点，汇集了其八十多年来的经营活动和人生旅程的精华。

活法

稻盛和夫的代表作，回答"人如何活着"，即人生意义和人生应有的状态；第一次系统阐释"成功方程式"，以及个人心性与企业品格的关系。

马云、季羡林、樊登强力推荐，是风靡全球的超级畅销书。

《活法》（2019 年版）

风靡全球

企业家首选心灵读本 销量突破 460 万册

稻盛和夫将其多年心得以质朴的文字娓娓道来，企业经营者可从中领会企业发展之路，而普通人亦将感受到高境界的为人之道。

《活法》珍藏版

《活法》大字版

《活法》口袋版

《活法青少年版：你的梦想一定能实现》

本书是稻盛和夫为青少年学生以及踏上社会不久的年轻人而写的。在书中，稻盛和夫阐释了成功的条件为能力、努力和态度，给广大年轻人指出了一条光明大道。

扫描二维码
关注活法微信公众号
分享活法 传递稻盛哲学
电话（微信）：15711140068

扫描二维码
了解"稻盛和夫专题"

5

积极地接受

说到底，只要跟随好的指导者或老师，一个人的技艺往往就会进步。所以重要的就是挑选老师。我也认可这样的认识。一个人如果能结识教导有方的导师，就是世人公认的好老师，那么跟随着这位老师学习，一定会感到非常荣幸。

然而，好老师要带出高徒并不容易。因为一旦老师非常优秀，学生无形之中就会按照老师所说的来做。在某种程度上会取得相当的进步，却很难取得划时代的成果。

从这一点来看，反而是那些比较难理解且不体谅人的老师培养出高徒的情况会更多一些。本该受到表扬，反而被他批评得一无是处。你会无数次地觉得自己"太蠢啦！真不想干了"，想要放弃。尽管如此，也要忍耐并坚持下去。因为通过这样不断的磨炼才会学有所成，而在这些学有所成的人里面才会出现超越老师的高徒。这一点非常有意思，是人的奇妙之处。

因此，若是能遇到有见地的、优秀的前辈，的确值得庆幸。但是，如果你遇到的前辈比较难理解且不体谅人，你不妨换个心态将其看作自己成为高徒的机遇，积极地接受。这样也许就可以找到自己成长的道路。我对此深信不疑。

自问自答	现在的自己有没有让不体谅人的上司高兴的积极性呢？

坦率地接受现实

　　我现在每天只能睡三个或三个半小时，情况好的时候大约睡四个小时就睁开眼睛，再也睡不着了。从醒来到下床这段时间，杂念一下子涌了上来。虽然我也深感无趣，却也束手无策。我竟然变成了这样的人。但仔细想想的话，这或许就是天生的吧，是没有办法的。

　　我们每个人都有各自的特点。正如现在我所说的有关睡眠的话题，虽然有人能睡得很好，但也有人像我一样难以入眠，两者没办法互换。比如，甲晚上容易失眠，而乙的睡眠质量很好。如果互相开始交流的话，你会听到这样的对话。甲说："能不能把你的睡眠稍微分给我一点？"乙说："你想要多少都可以啊。"于是乙会教给甲："你要用这样的办法入睡。"但是按照乙的说法来做，甲还是难以入睡。因为天生如此，所以不论你如何懊恼也无计可施，无可奈何，不如接受现实。

　　一直以来，我的确为睡眠感到苦不堪言。到头来还是像我刚才所说的一样，坦率地接受自己天生如此的现实。就像有的人天生肥胖，而有的人天生苗条一样，人的体质各不相同。我逐渐明白了，人不能执迷不悟深陷苦恼，要懂得适可而止，坦率地接受现实。

　　因此，与其说这是我们体质的不同，不如说这是命运，是上天以不同的方式赐予我们每个人的不同的命运。这不是大家的意志能解决的，而是大家意志之外的东西。

| 自问
自答 | 你有没有被意志之外的东西束缚？ |

工作的价值

现在，在公司的各位白领中，有人会从适合自己的工作中选择期望的职务，也有人因为确实喜欢而提出了自己期望从事的工作。

但是，这样的案例恐怕非常少。一般都是公司安排工作。这种情况下，有时公司会考虑这份工作适不适合你，有时会出于一些其他考虑来给你安排工作。不论是哪种情况，我们要如何面对分配到手的工作，应抱着怎样的心态去完成工作，我认为这些是非常重要的问题。

有的人对分配的工作既没有特别的兴趣，也感受不到工作的价值，抱着没有办法不得不做的心态；也有人会觉得这项工作不适合自己，希望进行调换。一般来说，我认为这样的做法对其本人并没有好处。

如何按照自己的方式"消化"手上的工作，如何使之成为自己想要的东西？我们应该带着这样的兴趣投入工作。我们还要从中找到工作的意义，感受到工作的价值。以这样的姿态进行工作，才是我们真正期望的，不是吗？

自问自答	你是否因为这是分配的工作，所以选择逃避而不是正面面对？

自己的力量

如果让只有五十分能力的人去做七十分的工作，就会失败。反之，如果让有一百分能力的人去做七十分的工作，虽说不会失败，却是一种浪费，让人觉得可惜。所以，具有一百分能力的人就要对自己有一个正确的认识，至少也要从事九十五分的工作，否则对自己和社会来说都是一种损失。

我想，如果我们时常能够清楚地了解自己拥有的能力，去做适合自己特性的工作，对工作的不平不满自然就会消失，而我们也能够带着愉悦的心情快乐地工作。

并不是从事宏大的工作就显得神圣崇高，能够成功地完成工作才能真正让人敬仰。

思考这些问题的时候，还有一点非常重要，那就是我们必须清楚地知道能力并不是固定不变的。确切地说，很多时候，它们都会朝着向上的方向发展，或者说我们必须通过自己的努力促使能力朝着向上的方向发展。

因此，我们要清楚自己能力的状况，不要去做超越自己能力范畴的工作，还要为了能适应以后的难度更高的工作，提高自己的能力。

总之，能有效地发挥自己的能力会带来无限的喜悦，也会对公司和社会做出贡献。

自问
自答　自己有一百分的能力，是否已经完成了九十五分以上的工作？

青春

　　我在十多年前就有了一个座右铭，是题为《青春》的一首诗。

青春

所谓青春，

就是拥有一颗年轻的心。

充满着信念与希望，

只要你饱含着勇气，

每天都在不断创新，

青春就永远属于你。

　　它是我在一个成人仪式上进行演讲之后，萌生出对年轻的感慨而获得启发，尝试写出来的东西。

　　其中既包含了希望自己能永远年轻的心愿，还有劝诫自己始终保持年轻的心。身体的年龄会不断增长，这是我们每个人都无法回避的。但是内心的年龄取决于我们的精神力量，这个年龄在我们的外貌上也会有所体现。也就是说，只要我们不丧失前行的力量，青春之气自然就会扑面而来。这就是我的信念。

| 自问自答 | 希望大家就像在意自己的外貌和容颜一样，能时常在意自己心灵的年龄。 |

一瞬间与一草一木

不管怎么说，体验对人来说是非常重要的。但是在我们短暂的一生中，并非所有的事情都能亲身经历。实际上，能否让不多的经验或体验在以后发挥重要的作用，这取决于思维方式。你尝试过一次，这个经历一定会在某一个场合发挥作用。所以，纵然是一瞬间的体验，也会成为一个完整的修业过程。我们必须这样思考事情。即使诸位目前的智慧和才华并没有产生什么实际的成果，那也只是你现在还没体会到，它们一定会在以后的工作中发挥作用的。因此，我认为体验会让人变得更加聪颖。

尽管体验了多次却并没有用心，自然这种经历也没有了价值。在松下政经塾学习政治、经济的你，是不是偶尔也会有"为什么我必须做这些事情"的想法？因为它会让你抓住政治、经济要领的一部分，这些全部都会在以后发挥作用。我就是这么认为的，所以才让大家学习。因此，如果你觉得去工厂或销售现场参观实习没有意义，那么这份体验对你来说就非常浅薄且无趣。而这份体验本身并非浅薄与无趣。比如，你走过了一条只有一里远或只需花费十分钟的小路，就必定会有某种体会。你应该在这份体会中学到一些东西。就算是路边的一草一木，也会对我们的成长和发展有帮助。我们必须用这样的方式来认识万事万物。

自问自答	要用心去体验，并将其活用。 今天的自己是否浪费了一分一秒？

千载难逢的好机会

今日的生活状态就是正在上演的戏剧。我们在看歌舞伎等戏剧的时候，时常都会一边欣赏一边感慨："真有意思，演员演得真好哇！"其实，现在的这个世界、这个社会，完全就是一部正在进行着的戏剧。而我们就是演员，是戏剧的主人公，每个人都是核心成员。可以认为，我们正上演着这样的一部戏。如果我们能够这样来思考现在的自己，就会感慨我们出生的这个时代是千载难逢的。我们邂逅了前所未有的人生。与过去的数亿人相比，我们生在这个时代是何其幸运，我们是被时代眷顾的人。我们应该感到欢喜，必须努力演好自己的这部戏。我认为大家能有这样的感受是非常可贵的。

我们在表演，别人在观看。我们也可以观看别人的表演。这些都是免费的，不需要付费。一想到这些，我就热血沸腾，真切地感受到我生在了一个有趣的时代。

自问自答	你作为"演员"是否合格？今天这一天的"表演"你能得几分？本月，你的总分又是多少？

虽然我们无从知道，自己从事的这份工作什么时候会消失，但终究它也是有寿命的。基于此，我们就认为再怎么努力也毫无意义而就此放弃的话，就是一种不能善始善终的做法。这就如同"因为人终有一死，所以就放纵自己不去养生"是一个道理。

既然如此，我认为在生命结束之前让自己在特定的领域发挥作用，倾注全部的能量是最可贵的，不是吗？

一切事物皆有寿命。在知晓这个道理的基础上，大家每天都能全力以赴。也正是在彼此的这种奋斗的姿态里，我获得无限的安心，或者说开启了豁达开朗的人生。

自问自答	工作和人一样，也有寿命。我们要让工作"寿终正寝"。

机缘

我们曾经受到客户极为严厉的斥责。我也多次听到员工回来汇报说："对方生气地说基于这样那样的原因，不会再和松下电器合作了。"

这种时候，我却认为："这真是给了我们一个大好的机会。被如此斥责，这是能够结下缘分的前兆。"于是，我会对员工说："你去把松下电器的想法再跟对方讲一遍看看。就说'我回来给社长汇报了情况，社长是这么说的'，你再去这样说一遍，'我觉得我的想法和我要做的事对你们来说绝对不是坏事。诚然，我们是有做得不到位的地方。这是我们的过失，理应受到批评，但是从根本上来说，我们原本是打算充分考虑你们的利益和立场的。因为这一次的过失就否定了我们所有的方针，这真是太遗憾了！所以，我要把所有的情况都说清楚，要是这样还不行的话，那我们干脆就退出。你绝对不要有什么顾虑'。再这么去说一次看看！"

我说过很多诸如此类的话。而且，只要员工去了，对方就会说："你们公司的那个老头是这么说的吗？那我知道了。要是这样的话，我们可以重新考虑和你们多做点生意。"这样一来，一个过失反而变成了结下缘分的机会，加深了我们的交情，有些人还成了我们忠实的伙伴。我觉得在很多方面都出现过类似的情况。

自问 自答	你是否利用了这样的"机缘"！ 你有没有将投诉转变为契机！

侥幸之人

我再活八十年就能寿终正寝了，但现在还想再多赚点钱，所以现在仍在拼命努力地工作。年轻人应该拥有比我更加强烈的欲望和热情，坚定成功的信念，满怀希望地投入工作。

想靠小聪明赚钱的想法必然会落空。因为这个世界并不存在一本万利的好事，最终都是，你流过多少汗水就会取得多大的成绩。虽然偶尔也会有不曾流汗却获得了成功的人，但这都是极其侥幸的，并不符合常理。

所以，我们要以最大的热情去工作。看到社长满怀热情工作的身影，部下就会觉得我们也必须做点什么，就会不约而同地好好干。而年轻的经营者就会因此而取得成功。

所以，我们要坚信成功，要自己站在前头去做示范，做表率。尽管大家的想法和做法会各有不同，但是都秉持着不付出就没有收获的理念。或者发挥你的聪明才智，或者利用强健的体魄，总之一定要行动起来。我认为，你付出多少汗水就会收获多少果实。事情就是这么简单。

自问 自答	你是否在不知不觉中对侥幸有过期待？ 你是否在工作中耍过小聪明走过捷径？

谛观和觉悟

不论生逢何时，我们都会在不同的时代得到各种不同的机会，然后通过努力发挥自己的作用实现自己的价值。要完成某些特定的工作，就需要我们一定要适应那个时代。因此，一方面，人可以根据自己的意志追求真理；另一方面，也要认识到人会受到自己意志之外的更为强大的力量的影响。如果我们能想到这一点，就会由此产生一种非常强大的力量。如果你认为，人只是根据自己的意志在行动，那么一旦遇到了事情就容易动摇。一旦你认识到有一种更为强大的力量在推动自己，你就会变得坦然。虽然这句话多少有些建议适度放弃的消极态度在里面，但你是不是会从中感受到一种安心呢？

人们往往根据自己的状况来判断是非，谋求事情的发展，这自然非常重要。但是，随着时间的推移，人的心境也会发生转变，思考问题的方式和看待事物的方法也会随之改变。所以，如果仅凭自己的意志来度过一生，你就会觉得缺少某种安全感。只是依靠个人意志，很多时候还是会感到迷惘不安、摇摆不定吧？

因此，虽然人们有必要根据自己的意志走下去，同时，或者更进一步说，我们要能看透事物的本质，心怀积极意义上的放弃之心，然后埋头沉浸于自己所处的环境当中，这极为重要。从另一个角度来说，就是要有这样一种觉悟，这很有必要。

自问自答	你是否曾因放弃而获得了积极的结果？那种放弃是必要的。你是否丢掉了秉持的仅凭个人的意志就无所不能的想法？

死亡来临前竭尽全力活下去

不记得是什么时候了，我曾拜访过禅宗的一位师父。

"师父，禅宗将来会是怎样的呢？"

"会自然消亡吧！"

于是，我问道："师父，您是禅宗的信徒吧。既然您说这禅宗会自然消亡，是不是就不用努力了呢？"

"松下先生，这是事实啊！所有的事物都有寿命。所以即使是禅宗，时间到了自然也会消亡。"

"如果是这样，那师父您这么煞费苦心地去传道说教岂不是没什么缘由了吗？"

"不是那样的。虽然我不知道自己的寿命何时会到尽头，但直到我寿命结束的那个瞬间，我都会为禅宗献身。因为这是我的职责。但如果你非要问我'禅宗将来如何'，我只能回答'将来一定会消亡'。"

"这样说来，松下电器终究也会有垮掉的一天吧。"

"所言正是！"

我从中收获了很多，我觉得这位师父非常伟大。他告诉我"原则上禅宗会灭亡。但是，直到那个瞬间来临，我都会努力传道"。

我们作为凡人终究难免一死。但是，直到死亡来临的那个瞬间，我们都要以永生的心态竭尽全力。这就是人活着的意义啊！

自问自答	所有的事物都有寿命，都会消亡。即便如此，也要在那个瞬间来临之前，竭尽全力地活下去。

今时不同往日

蔚蓝的天空中，白云在悠悠地飘动。在日常紧张而又繁忙的工作中，我都没意识到白云的流动。所以我觉得这一刻很珍贵，令人怀念。

就是这个常常被大家认为只专注于工作的我，对于流动的白云也会有淡淡的感怀。或许我的感情要比别人更加强烈。我只是没有欣赏白云的时间，没有时间去感受，就只是这样匆匆忙忙地过着日子。或许并不只有我是这样的，大家都忙碌不堪。因此，我想大家可能既没有观赏白云飘动的闲暇，也没有感怀白云的时间。

尽管如此，也请你偶尔仰望一下这流动的白云的姿态吧。这些白云流动的速度有快有慢，其形状有大有小，颜色有深有淡，位置有高有低，没有一刻保持着相同的形状。有时即将分崩离析，有时则紧紧地聚拢在一起。它们每时每刻变换着形状，在湛蓝的天空中尽情地飘荡。这就如同人的内心和人的命运。人的内心每天都会发生变化，而人的境遇在昨天与今天也会不同。即便现在安稳，也不能代表明天依然会安然无恙。也许未来会遭遇意想不到的灾难，经历悲惨的命运，让我们无比感慨，叹息不已。而谁又能断言，一个早晨带着悲观情绪出门的人，晚上不会抱着意想不到的欢喜归来？在明暗交织中时刻变化着的人的命运，既带给人欢喜，也带给人叹息。

欢喜也好，悲伤也好，人间就如同这流动的白云一样变化无常。这样去想的话，人们心中的纷扰或许会减少几分。喜而不尽，悲而不绝，如果我们每个人都能以这样的心境，谦虚而认真地履行各自的使命，那么我们一定可以体会到人生的妙趣。

| 自问
自答 | 明天请抬头看一下飘动的白云吧！
有没有和自己现在的心地与命运相似的云朵？ |

一人之觉醒

我认为对一个人来说首要之事就是觉醒。伴随一个人的觉醒，大家都会受到感化，其所在的组织会变得更加出色，还会取得非常伟大的成果。

当一个国家遭遇纷乱，这个时候，往往一个杰出人物的出现就会拯救整个国家。虽然这是故事中常有的桥段，但是我认为，其含意就类似于一个人的觉醒。我希望大家都能好好地思考一下，我希望你能将热情倾注于自己应该做的事情当中，并能实现自己的人生价值。

一个人能觉醒，会让大家都感到幸福，希望大家能以这样的境界来开展活动。

<table>
<tr><td>自问
自答</td><td>你想打破现状，想在自己的组织里进行改革。
所以你自己如若不先觉醒的话……</td></tr>
</table>

2月

把握自我

想做的事

这里有一个问题，即如何寻找和发现自己的资质。这的确是一个难题，要对自己做出正确的评价是极为困难的。

迄今为止，每当要开始一项新的工作时，我一般都会问自己：这个工作是否适合自己，是否是适合自己的公司以及自己是否具有完成这项工作的实力。通过这样的自问自答来判断是否开始这项事业。

很多时候，我都有我很想干这个工作并且非干不可。我认为，想做一件事和做了之后一定就有好的结果是两个完全不同的问题。

因此，当你自己想尝试一下的时候，你先要冷静地问自己，这个工作是否适合自己，自己有没有这个实力。虽然很想做这个事情但是还没有这个实力，那就放弃。当然，当你通过自我判断认为自己拥有做这份工作的资质时，你就可以干。我们要有这种融通的态度，我认为这非常重要。

| 自问自答 | 立项了一个新的企划，你要判断它是现在就能做还是现在还不能做。 |

个人的劳动价值

过去，我曾经对公司的年轻员工讲过这样一番话。

众所周知，我作为公司的最高负责人，拿的工资是最高的。这个数字到底是多少并不是我要说的主题。我们假设它是一百万日元。如果我的工资是一百万日元，而我每个月付出的努力只价值一百万日元，那么我对公司就没有任何贡献。在我的认知中，我认为自己最少要付出一千万日元的努力，否则，公司就不能正常运转。换句话说，拿了一百万日元的薪资，我就要为公司做出一亿甚至是二亿日元的贡献。因此，在尽自己所能努力的同时，我总是不断反思："自己有没有做到这样的努力？"

我想跟大家讲的是，假如大家的月薪是十万日元，而大家只为公司创造了十万日元的价值，那么公司就没有盈余。这样一来，公司就无法给股东分红，也不能给国家纳税。所以我们是不是要经常扪心自问："这个月自己究竟为公司做出了多少贡献？"

当然，如果你问我多大程度的努力才算妥当，才是最好、最理想的。我认为这不能一概而论。从一般常识来讲，拿十万日元的人是不是最少要创造三十万日元的价值呢？如果能达到一百万日元那就更好了。

希望大家对自己的劳动价值能够进行这样的评价，通过自问自答提升自我认知，为自己开辟出一片新的天地。如果公司所有的员工都能以这种精神状态来工作，就会产生巨大的能量。

自问 自答	自己现在的劳动价值是多少？
	半年后或一年后，你能做价值多少的工作？

难以立足

不论你的资质如何，在怎样的公司工作，如果你能一步一个脚印，坚持不懈、诚实地前行，你的职位就会逐步上升，你也一定可以看到自己的事业在不断地发展。究其根本，就是要求你对工作自觉承担责任。如果没有这个根本，你作为一个人将难以立足，这样说不算过分。

自问自答	你要明白自己的责任。你是否真正认识到了自己的责任，并发挥了与职责相匹配的作用？

自我检讨

　　两个公司在开展工作的时候都会考虑自身的社会责任。虽然如此，但在彻底性上差之毫厘。这样一来，即便两个公司同样都是在做事，也会出现这样的情况：一方认为这已经足够了，而另一方认为也许还不够。一旦你认为已经足够，即便客户抱怨，你也会反驳说："就算你们这么说，但我已经尽力了！"

　　如果你认为还不够，你就会坦诚地接受这些投诉，并积极地处理。这样的事情如果发生在商品上、技术上、销售上以及公司整体经营上，必然就会影响我们是否能够取得出色的业绩。

　　虽然最初只是差之毫厘，但是日积月累就会有天壤之别。因此，我认为从事经营的人必须特别注意这一点。工作进展不顺利的时候，必须反省差错究竟出在了哪里。即使进展非常顺利，也绝不可掉以轻心忘乎所以。

　　外面的人看到我们的业绩一般都会说："您这里总是这么顺利呀！"如果你因此觉得自己多少还算是不错的话，最终难免疏忽大意。这样一来，就会丢失现有的水准。就算当时你非常清楚，也很有可能已经慢慢踏上了衰败之路。

　　绝对没有什么事情是"这就行了，可以了"！无论多么出色的经营，也会有不足之处，这才是普遍的现象。我认为，我们应该将这种意识时常放在心上，不断自我检讨。

自问自答	你认为已经足够或是还不够？ 正是这毫厘之差决定了未来的兴衰！ 在今天的工作中，你有哪些不足之处？

即便是圣人君子，也不可能完美的。为什么呢？因为神是按照人的模样创造的人，并没有将其创造得完美如神。

人，有时会取得成功，有时也会犯一些错误。这是我们生而为人在所难免的，或者说是一种常态。如果将我们犯的错误和做的正确的事做一个统计，那么在工作和生活中，没有让正确的事情有个正数的结果，绝对不是一个令人满意的状态。

譬如，一个人在某些方面具有出色的才能，而且也费尽心血取得了成果。假设我们现在将这些成果用一个正数来表示，同时，将他在其他方面的失败用一个负数来表示的话，这个结果究竟会如何呢？我认为，前者的数值一定要比后者大，或者说至少是一个正数结果。大家也来做一个评定，看看自己大概有多少分？坦率地思考这个问题非常重要。

自问
自答　　迄今为止，你秉持的工作方式和生活方式是否让你获得了正数结果？

适合的工作

当今社会，人们之间的联系非常紧密。没有谁是独立的不和他人产生关系的。在这样的社会中，从事适合自己的工作并取得成功，不仅是自己一个人的幸福，而且对整个社会做出了贡献。

如果自己并不适合，而是受到了个人感情或欲望的驱使，去从事某项工作的话，很容易失败。失败并非只对个人产生影响。个人的失败不仅会给周围的人，还会给整个社会带来麻烦和造成损失。

我们必须清醒地认识到这一点。我们要带着这样的自觉性，负责任地采取行动，才会推动社会向前发展。

自问自答	你从事的工作是否适合自己？

　　我们都是公司的社长，假如没有认识到社长的职责，就很难保住这个职位。不能只在自己需要的时候才认为自己是公司的社长。不论公司状况好与坏，社长必须始终如一地保持着自己作为社长的觉悟。而且部长不能没有部长的觉悟，课长也不能没有课长的觉悟。

　　从这个意义上来说，我们每一个生活在社会中的个体都应该基于各自的立场找到属于自己的位置，我们必须清楚自己的位置，同时正确地认识个体的责任。而那些没有责任意识的个体，都是非常不可靠的存在。这些人没有找到自己的位置，没有自我意识，给人的感觉就是一群乌合之众。

　　因此，作为个体，我们要找到自己的位置，明确自己的立场，也就是说，我们必须有与肩负的责任相对应的自觉性。只有这样才能显现个人存在的意义。

自问
自答　　需要你发挥作用的时候，你不能成为乌合之众中的一员。你是否已经找到了自己的位置？

工作的人气

艺人看重自己的人气，简直到了令人心疼的地步。他们每天都会对自己当天在舞台上的表现会受到观众怎样的评价而认真地反省。为此，他们会一刻不停地钻研，如果观众反应良好，他们就将自己这方面的优点进一步发挥；如果观众反应不好就会想办法改进。应该没有什么人会比他们能更加深刻地体会到人气左右着自己的生命。

当然，如果过度看重人气，也会产生一些弊病。他们因为具有这样的心理准备，才在实力竞争激烈的演艺界突出重围，推动艺术的进步和发展。

我们必须好好地学习他们的这种精神。一定要学会思考：现在自己从事的工作会对人们产生怎样的影响，以及社会对我们的工作又是如何评价的。如果我们都不知道这些，就没有人能进行下一阶段的工作。无论多么琐碎细小的工作，只要我们每天都能认真反思，这些反思就会创造出下一个成果，促进工作水平的不断提高。

当然，我们也不能完全拘泥于终日苦思冥想而使自己头昏脑涨。要注意的是，对工作的人气，我们既不能无动于衷更不应漠不关心。

自问自答	你可曾在意过自己工作的人气？

善于请教

　　不管是谁，都未必总是能做出正确的自我判断和自我评价。即便绞尽脑汁地思考，有时也很难对一些事做出判断。而就一般的事情来说，例如自己是否合适，自己的公司是否合适，我们有时也会无法做出正确的评价。

　　如何应对这样的情况呢？我都是向周围的人咨询。我会这么去请教前辈："我现在非常迷茫。虽然很想做这项工作，但是我也不知道自己和公司究竟有没有这个实力，这个工作是不是适合自己或公司。如果是您的话，您会怎么想？"

　　因为他们是没有利害关系的第三者，所以他们会告诉我："松下先生，那还是不要干为好！虽然你现在运气好，干得也不错，但是你要把手伸到那里的话就危险了。聪明的话就放弃吧，别干了！"

　　如果他们说的我能接受，我一定会就此放弃。也有虽然别人建议放弃，但我还是很想干的情况。这个时候，我会再去询问第二个人。如果这个人也说了同样的话，也就是说，自己找来商量的两个人都说了不行，而我自己也没有明确的自信的话也会觉得很危险。如果是这样的话那就放下了，我就是这么思考问题的。

自问
自答　　请教他人也许会带来麻烦。不过，只有通过询问才能获得理解，才能做出正确的自我评价。

骄傲

人和狗是不一样的，这一点仅从外貌便能知晓。我们不会去模仿狗的行为，因为在潜意识中我们都有着作为人的骄傲。

不过，仅从外貌无法做出判断的正是我们人类。的确，我们每个人长相不同，秉性各异，这是事实。所以，正常情况下没有谁会把人认错。那为什么大家都如此热衷去做和别人一样的事情呢？

每个人都是独特的个体。就算世界上有几十亿人，自己也是唯一的。从这个层面来说你应该有自己独特的骄傲和与众不同的自信。社会的繁荣所需要的正是这样的个体。

失去自我的人纵然有百亿财富，也不过是乌合之众中的一员而已。不去认识自己，只想一味地模仿他人，这就如同人模仿狗一样，应该感到羞愧。

我们应该更加认真地思考自己和他人的不同之处，不要模仿他人，用自己的力量走自己的路。这才是我们通往幸福和繁荣的道路。

自问自答	你是否变成了无异于猫和狗的人？ 你是否已经完全习惯了模仿？

相扑比赛

我们承诺要对社会做出和自己实力相当的贡献。而大家也和公司缔结了相同的合约。在此，我想问大家一个问题：大家能否说出自己的实力提高了多少吗？如果是自问自答，你能否说出来"我提高了5%""我提高了15%"，或者"我提高了150%"吗？

仔细想来，其实业界也设有相扑台，正在进行着相扑比赛。由于没有行司①，所以不能立即分出胜负来。但是，广义上的行司还是有的。这是怎么回事呢？在业界，公司每天都在和其他公司进行着相扑比赛，在两三年间，自然而然地就会有业界的人，或者一般的需求者，甚至是社会上的普通人会将军配②举到其中一方手里做出裁决。胜负就是这样决定的。它并不像瞬间决定胜负的相扑那样简单，而是需要花费很长的时间。如果过了两三年，我们才知道自己是输了还是赢了，就已经太晚了。今天比赛的结果我今天就想知道。

为了达到这个目的，我们每天都要反思一下，看看自己的能力提高了多少。我认为大家的能力没有提高而公司的能力却提高了，是不可能的。

---

① 行司：相扑比赛中的裁判。
② 军配：裁判手中判定胜负的道具。

| 自问自答 | 不论你是在开会，还是坐在电脑前，或者是将要入睡，公司的品牌和商品每日都会呈现在相扑台上。 |

全力以赴

处在学习阶段的年轻人，在选择工作的时候，需要有一种敢于选择最具挑战性的部门的气魄。无论是公司的工作，还是别人嫌弃的工作，在艰苦的岗位上修行也会别有一番乐趣，希望大家能有一股带着喜悦的心情去奋斗的干劲和勇气。如果人们总是从不好的一面看待事物，就会陷入无限的悲伤之中，甚至会出现自杀的念头。很多事情的结果都取决于人的心态。阅读成功人士的传记，你会发现，成功者都是带着喜悦全力以赴地挑战那些可能会打倒普通人甚至导致普通人自杀的困难的。

自问自答	你是否丢掉了挑战困难和苦中作乐的勇气？

敬畏之心

我认为，要让每天都充满新鲜的活力，就要心怀敬畏。这么一说，有人可能会想"感到害怕是因为胆小，害怕的话就什么也做不了"。其实，这里所说的畏惧，并不是因为胆小而产生的恐惧，而是一种积极的谦虚的态度。

我举一个身边的例子，孩子是不是会害怕父母和老师？而店员会害怕店主，员工会害怕社长。就算你是公司里职位最高的社长，也会忌惮世俗。可见，每个人都会有各自不同的畏惧。不仅是自己会害怕别人，而且会有自己害怕自己的时候。因为作为个体往往容易怠惰，这种怠惰之心非常可怕。有时候也会担心自己的这种性格容易滋生傲慢。当我们要做事情的时候，也会害怕自己没有勇气，缺少信念。或许还会担忧自己的命运，害怕神灵。这些不同于单纯地怕被狗咬。我认为我们有必要经常怀有精神层面上的畏惧。

为什么呢？因为对于我们人类来说，对一些事物感到害怕，有所畏惧、谨慎行事是非常重要的。如果没有任何畏惧，随心所欲，最终会毁了自己，而这并不罕见。准确地说，没有什么比"不知畏惧为何物"更危险的事情了。

自问 自答	失去敬畏有时会毁了自己。 对你而言，害怕的东西是什么呢？

世间常态

　　对同一个事物，人们的看法各有不同，会有从各种不同角度来考虑的可能。因此，乍一看我们认为消极的事情，实际上也有其积极的意义，我认为这就是世间常态！如果下了雨，有人会因和服被打湿而感到困扰，而也有人会认为雨水可以滋润田里的作物而欣喜。

　　我们如果只看到其中的一面并为其所困，就会一味地感到烦恼，极端情况下也有可能陷入绝望自杀的境地。

　　人为何会陷入这种拘泥于事物一面的状态呢？我认为，这还是因为没有素直心吧！也就是说，在没有素直心的情况下，人往往会被一件事束缚，或是被自己的想法和感情束缚。如果我们在不知不觉中只看到事物的一个方面，内心也没有余力去看其他方面的话，很多时候就难以打开更广阔的视野。

自问
自答

天降大雨，既有人担忧，也有人欢喜。
有必要养成从其他方面看事物的习惯。

平常心

有时候，人会因为时间紧迫而惊慌失措，不看信号灯就冲入了车道。如果恰巧有车开过来的话就会被撞伤，有时甚至会丢了性命。这样的例子在实际生活中并不少见。有时也会频繁出现司机急于超车而引发事故造成多人死伤的恶性事件。现在，虽然没有了以命搏命的战场，但只要一想到这种生命攸关令人不快之事依然不断出现，大家就会痛感：平常心、平静心即使在今天也必不可少，不可或缺。

不论是与人交涉，参加考试或者参加体育比赛，平常心、平静心是不是也至关重要呢？

我认为只要怀有素直心，自然就会拥有平常心和平静心。也就是说，如果我们彼此能以素直心来看待和思考事物，自然也就能够保持平常心冷静地看待和思考事物了。

失去平静心的慌张忙乱和失去平常心的忘乎所以，这些都暗示着人心受到了某种束缚。比如刚才说的交通事故，是不是就是拘泥于"必须快点"的想法呢？假如我们不被束缚，自然就能恢复冷静，也能保持自己原有的平常心、平静心了。素直心，正是这种不被拘束，平常和平静之心。

自问
自答
你的内心是否平静？
你的心是否已平静？

实力和极限

经常听人说起："作为普通员工，他工作出色，能力很强。可是，当了主任以后，不但自己工作的业绩平平，也没能让部下的才能得到充分发挥。""他是一名非常优秀的课长，但绝不是一个称职的部长。"这归根结底都是在说这个人的能力与其职位并不相当。

日本企业的论资排辈的传统，现在依然存在。企业要提拔任用干部，往往并不是单纯地从其能力出发，有时还要考虑其他因素。升职当了课长或者部长，本人感到高兴，也会得到周围同事的恭喜和祝福。不过，谁也没有想过，如果他没有这个能力，不仅自己会感到痛苦，也会给公司带来不良影响。

如果一个人能认识到自己的实力和极限，在被提拔当部长时，就会主动提出："我做课长游刃有余，但当部长就力不从心了。"这样的话，我认为这个人不会失败，更会是一位成功的课长。当然，也有与之相反的情况。

自问自答	如果用线来表示自己的极限和晋升，那么将两线重叠在一起，将会呈现怎样的状态？

炫耀和失败

那个时候，情况是这样的，我认为："现在这个时候，为了国家，即使奉献自己的生命，也在所不惜，既然制造飞机是来自军队的命令，那我们当然必须做!"这种心情占了一半，剩下的一半是："要是我不做的话就没有谁能做了!"多少有点向世人炫耀的想法，这是事实。我深刻地体会到，正是我做了这件事情，之后才会感到非常的痛苦，可以说，我的人生就失败在了这个地方。

如今回想起来，如果当时我拒绝，并不是不可能。譬如我可以说，"虽然我很想做，但是要为国家做的工作还有很多，目前这些都还没完成好。再加上飞机制造的话，可能这两项工作都无法做到令人满意了。要为国家着想的话，我想这个工作我只能拒绝了"。如果我能这样说的话当然会是一个非常出色的答复。实际上我并没有这么讲，而是想着"那就做吧"，接受了制造飞机的任务。这就是我自大的地方。

也许人都会有自大的时候。虽然说好听一点，我们称之为理想，或者梦想，其中难免会有某种炫耀的想法。不论到了多大年龄，人都会有向社会炫耀的想法。而个人、公司、国家的失败都是从这种想法中来的。

自问自答	这次工作中的失败，是否因为存在炫耀的想法?

他庭之花

　　人们的心态一旦失去了平衡，无形之中就会觉得别人家院子里的花朵开得格外娇艳，会不由自主地认为：只有自己在孜孜不倦地认真努力，其他人都是不劳而获之人，都在做着一些一本万利的非常轻松的事情。实际上，社会上并没有也不允许存在这种事情。

　　我们有时有这样的迷惘，也是人之常情，并不奇怪。但要知道，在这个世界上，绝对没有一本万利的事情，也没有能不劳而获的人。之所以看起来会有这种假象，是因为我们心中存在着某种迷茫。事实上，每个人都是一步一个脚印经过踏踏实实的积累才创造出了属于自己的成果。

自问自答	他人的成果都是看似轻松获得的。 现在希望你将眼光投向他们背后的努力。

　　如同人会生病一样，一个公司或者一个国家，有时也会身患疾病而需要救助。这种时候，如果是人的话，就需要吃药进行治疗。如果是公司或国家，可能就会碍于颜面，应该吃的药也偏偏不吃。就是说，虽然生病了，但心里并不想让别人知道。

　　如果不吃药，就这么搁置不管，本来一天就能治好的病，花上五天、十天可能也治不好。如果发现一个公司或一个国家陷入了不良状态时，不要过于在意自己的面子，不要犹豫，要及时治疗。我认为，应该接受治疗的时候，好好地接受才是上策。

自问 自答	自己的组织或公司已患疾病。 这种疾病，需要什么样的药来治疗？

烦恼

我们的手臂上如果长出了一个小痘，我们一定会非常在意。如果接下来肚子上又长出了一个大的疙瘩，这时我们只会在意这个大疙瘩，而忘了那个小痘。人都是这样的。

烦恼也是如此，总是会凝结成一个。即使有一百种烦恼，最终我们的烦恼也只有一个，那就是所有的注意力会集中在最大的一个烦恼上。

在我的人生经验中，也有五六个问题同时出现的情况，可以说个个都令人头痛，是苦恼的根源。就在这种情况反反复复不断出现的过程中，我终于意识到无论这样的烦恼是一个还是十个，其结论都是一样的。

最终，大脑都会被当时最大的烦恼占据。如果你满脑子都是这个最大的烦恼，其他的自然就会变成第二、第三。因此，我才能想办法渡过难关，一步一步地走到今天。如果同时被十个、二十个烦恼占据精力，我会感到痛苦不堪，身体也承受不了。

事情的发展并不会像我们想的那样顺利。人只会对最大的烦恼感到苦恼，这是一种自然的心理活动。当然，这并不等于排在后面的那些烦恼就消失了，只是暂时得以缓解，人没有原来那么痛苦了。因此，人总能想方设法地活下来，于是才有了人的生存之道。

自问自答	昨天的烦恼，那个令人头痛的根源，伴随新的烦恼的出现，已经变浅变淡。人心如此神奇，超出了我们的想象。

仔细想来，人心真是不可思议。我经常将人心比作孙悟空的如意金箍棒。众所周知，孙悟空手里的如意金箍棒，可以按照孙悟空的想法自由伸缩。有时会伸长惩罚坏人，有时又会缩小放到耳朵里。真是随心所欲啊！而人心不就像这如意金箍棒一样吗？

陷入悲叹深渊的心，不就是如意金箍棒缩小的样子吗？这种时候我们必须让它伸展开来。我们想要获得一颗勇敢的心，就如同如意棒伸长时候的样子。如果伸得过长，我们就要稍微收缩一下。像这样，在某种情况下试着伸长一下，在某种情况下试着稍微缩小一点，这颗能被如此自由操控的人心，真的是非常有趣！

自问自答	客观地审视一下自己的内心，它的状态是什么样的呢？有没有收缩过度，有没有伸展过头？

模仿和参考

德川家康的传记是由山冈庄八写的。这本书曾经在实业界相当受欢迎。据说，家康的传记是经营者的必读之物，书中对家康在什么时候起用了什么人，又是怎么样做的等都进行了认真的推敲和研究。这对大家来说非常有用，所以我听说那些立志成为实业界领袖的人都拜读了。也有人曾经给我推荐，让我也读读。我就问道："因为什么要读这本书呢？"他说："那当然是对你有用啊！"于是我回答："这对我没用！""为何对你就没有用呢？""因为上面写的都是只有家康才能办到的事情。我不是家康，去做和他一样的事，一定会失败，不是吗？所以我觉得没必要读。如果它很有意思，或者读了能得到安慰，可以有所参考，那我一定会去读。松下和家康完全不同。家康要是按照我的方式行事，一定会失败，而我按照家康的办法去工作也会失败。"

我认为这个道理对大家都适用。我看别人做得很好，如果我也照搬，结果往往并不如意。比如，有一个歌手 A 非常受欢迎。我想要模仿也无法做到。因为那是 A 的天赋，或者说才能。

如果能意识到：他在唱歌方面很厉害，我唱歌不行，但在其他方面比他好得多，去做其他的事情的话，一定能成功。所以，无论家康作为武将，作为经营者多么出色，我们和家康是不同的。"我们读它，不是因为它有用我想去模仿，而是将其当作一个参考！"当时，我就是这样强词夺理的。

| 自问
自答 | 不可模仿松下幸之助的做法。
必须参考松下幸之助的做法。 |

消化

你要具有专业人士的自觉性，在技术方面，要能达到基本不会出错的程度。因为技术的范围非常广，所以没人要求你一定掌握专业以外的东西。然而，就你负责的技术，自己专业领域的技术，十年过后，你是否能独当一面？就算被任命为技术部部长也能胜任，你是否具备这个能力？你要自问自答。

如果你觉得自己还不具备这些能力，那就请你认真思考一下：如何学习才能具备这些能力，自己一个人学习行不行，如果不行的话，怎么做才可以？向前辈请教是一个方法，和同事互相商量和互相学习也是一个办法。如果公司内部没有这样的人那就需要去公司外找。或者你也可以向部下请教。如果你认为部下的技术比自己差，去请教部下不会有什么成长的话，那就大错特错了。

你要做的是，向前辈和部下学习，消化这两种不同的经验，并且自己有所追求，有所创造，将这些经验转变成自己的技能，自己的本事。

自问 自答	你消化了多少来自前辈和部下的经验？ 你是不是已经将其转变成了自己的技能？

倾听

一般来说，就算是新人，进入公司三四年之后，也会发现公司有很多可以改善的地方。然而再过一段时间，习惯之后就什么都看不见了。刚进公司没多久的年轻人，因为非常纯真，才会非常清楚公司哪里存在问题。这并不是要去陷害什么人，而是说新人的眼睛能注意到很多我们没有注意到的地方。所以我要说的是，年轻人应该会有很多比如"能不能这样尝试一下"的建议，这些都可以告诉负责人。而负责人会不会非常乐意倾听这些建议呢？可以说，我自始至终说的都是，虽说我们作为上司尽了最大的努力，但还是会有不知道对错的时候。有时通过听取第三者或新员工的各种建议，才能恍然大悟：原来如此，那个事情不能不考虑！会有很多这类的事情，所以我们要尽可能倾听大家的意见和建议。

自问自答	我们是否因为他们是新人，所以没有重视他们的意见？我们是否在组织内创造出了能坦诚接受新发现的环境？

大道和小路

世上的人都各有各的名字。我们要对自己的名字有个清楚的认识。比如，我是山本三郎，我必须清楚地感觉到"我是山本三郎"。还有一点非常重要，那就是"我是日本人山本三郎"。

如果这个人进公司工作的话，就要认识自己的另一个身份，"我是日本某某公司员工山本三郎"。最好能将自己与公司共命运的心情，变成自己的信念，根植于自己的心田。这样一来，个人的存在感就会变得非常强大，自己周围的人也能受到感化。虽然这样的人在任何一家公司都非常少见，但是我认为大多数成功人士都是从具备这种意识的人中产生的。

我认为成功并非难事，而是一件很容易的事情。之所以会有很多人都不成功，是因为他们没有选择大道，而是非常勉强地踏上了田间小路。明明眼前就放着一条阳光大道，可是他们却说这条小路看似不错。哪知穿过小路，就会掉进沟里，即使不掉下去，因为道路险阻，要想前行也会困难重重。

自问自答	要将自己强烈的愿望如同信念般根植于心田。你经历过多少类似这样的事情？

正确认识自己的力量对大家来说非常重要。要认识到自己现有的综合能力到底怎么样，同时也要认识到这种能力是如何培养起来的。这就是我们常说的自我认识。如果大家在工作的同时，能够思考这些问题，我想即使会有一些小的问题，也绝对不会出现大的失败。

自我认识相当困难。而比开展个人的自我认识更加困难的是对公司整体能力的判断。我们很难对自己进行正确的判断，要正确认识自己公司的综合实力更是难上加难。如果我们不对公司能力进行判断，要想做到工作中没有错误必定会很难。

一般来说，公司的经营者除了负责公司的运营管理，还需要制定各种各样的计划。制定这些计划的根基，就是对自我能力的正确认识。如果有错误的认识，就会导致严重的失败。过去，我们公司也曾屡次失败。追查失败的原因，不难发现，都是对整个公司能力的判断有误。不论是社长，还是董事、部长，如果他们在推进自己负责的工作中出现了失误，一定都是自我认识出现了错误。说小了，是对自身认识有误。如果是一个部门的话，就是对整个部门综合力量的认识有误。建立在错误认识上的工作计划，在付诸执行的时候，必然会遭遇失败。这种实例很常见。

| 自问 自答 | 寻找失败的原因。
最终你会发现自我认识才是真正的根源！ |

我该如何

　　反思能力强的人，都非常了解自己。他们经常会进行自我审视，也可以称之为"自我观照"，就是在意识上将自己的心从自己的身体里取出来，从外面对其重新加以审视。能做到这一点的人，自然也能坦率地毫无私心地认识自己。

　　这样的人很少会有过失。他能不受任何束缚自然而然地发现：自己究竟有多大的力量，自己能做多少事情，适合自己的是什么，自己的缺点都在什么地方。

　　因为他是站在这样客观的自我认识之上思考"我该如何"，所以其行动很少失误，也是理所当然的吧。

　　人类的心理活动，无论是现在还是过去，似乎并没有太大的变化。如果我们回顾一下战国时代武将们兴亡的历史就能发现，能自我观照的武将和不能自我观照的武将，他们的差别很多时候都与成败直接相关，真可谓是耐人寻味！

　　希特勒，就其在德国复兴上的运筹帷幄而言，也展现了他出色的一面。然而，当他企图将自己的管理从德国推广到整个欧洲的时候，我想他的心里已经失去了自我观照的态度。所以才有了他个人的自我毁灭，以及德国国民的悲剧。

自问
自答　　*要将"自我观照"变成习惯！*

人生的价值

　　人，活在这个世界上，就想拥有一个能感受到生活意义与价值的人生。这是我们共同的愿望。没有什么价值，只是按部就班地生活，这怎么能称得上是幸福的人生？什么才是人生的价值，怎样才能找到生活的意义？在现实生活中，人们对此有不同的看法和考虑。有的人认为自己的兴趣爱好就是生活的意义，也有人会将存钱或者享受美食当作自己最大的人生价值。

　　可见，人生价值和生活意义，对每个人来说都各有不同。我觉得每个人都可以拥有不同的人生价值和生活意义。

自问自答	每个人都可以有自己不同的人生价值！ 希望你是认可这种不同的人。

3月

提高思考力

追问 "为什么"

孩子的内心都非常率真，一遇到不懂的就会立即发问，会拼命地问你"为什么，为什么"，非常积极。他们也会自己拼命地思考答案。如果想不明白，就会不停地反问你"为什么，为什么"。

孩子没有私心杂念，不受束缚。好的东西就是好，坏的东西就是坏。所以，往往会抓住事物的本质，出乎人的意料。孩子都是这样长大的。他会不断提问"为什么"，接收答案，然后坦诚地思考，进而反问。孩子们在这种对"为什么"的思考中逐渐成长。

成人也是如此。为了每日都能精进，必须经常提出疑问，不断去追究"为什么"。而且，一定要自己思考答案，或是向他人求教。如果成人能像孩子一样，率真且无私，热情且积极，那么他自然就会发现"为什么"是随处可见的。如果我们失去了这种率真好奇之心，今天过得就会像昨天一样，明天也会过得像昨天一样，陷入十年如一日的状态。这样一来，人就会停止进步，社会也会停止发展。

社会的繁荣就来自人们对于"为什么"的探索和追问。

自问 自答	当你放弃追问"为什么"的时候，所有的进步都会停止。不能停止进步，绝对不能停止。

世上无难事

一个人如果从早到晚都处于紧张状态，就会非常劳累，深感疲惫。既要拼命努力地工作，也要适当地放松身心。在紧张之后，继续保持这种紧张的状态是极为困难的。我们在心底一定要抱有这种坚持不懈、一鼓作气的信念。

要做到这一点，就必须对这项工作抱有一定的兴趣。说到对工作的兴趣，有的人的确生来就不适合某项工作，然而对大部分人来说，一旦了解了一项工作的使命，就会明白它的宝贵，就会产生兴趣。所以，必须先充分了解这项工作，才可能产生兴趣，涌现出热情。这样一来不论输赢，你都会流下眼泪（赢了你会流下激动的眼泪，输了你会流下懊悔的眼泪），一切都会非常自然。

心感嫌恶，却还要拼命努力，当然就会很累。在这种状态下工作，很快就会感到肩膀发酸，导致判断失误，很难提高工作效率。不但如此，你还会受到批评，心里会产生"真是岂有此理"的抱怨和不满。我认为，事情原本都很简单，不论是通向成功的道路还是不成功的道路都极为简单。我认为这个世界上绝无难事。把这些简单的事物变复杂、变困难的是我们自己，是我们自己把工作变难了。事实是，平坦的大道一直在向我们敞开着，就摆在我们眼前。

自问自答	这条在我眼前敞开着的大道，究竟是什么样的呢？

新的诠释

事实上，我经常也会遇到一些深刻的问题。但凡是人都会有这样或那样的烦恼，关键在于遇到之后我们该怎么做。如果总是出现这种情况，是否就无能为力了呢？一般来说，遇到困扰，我会马上重新思考，会自问自答，告诉自己："这件事不能太伤脑筋了，不要烦恼了。"

不仅如此，我还会就如何克服这一烦恼所滋生的困难给出解释。也就是说，为了不输给烦恼，不失去信心，或者说是为了开启心灵，我们需要就这些问题给出一些新的解释。

举一个浅显的例子，大家对阴雨连绵的天气感到烦恼。这个时候，我就会去想："下了这么长时间的雨，供水一定会很丰富，这对我们的生活有益。"我会像这样尝试着转换视角，从而给出一个新的结论。

当然，实际生活中的问题并不像下雨这么简单。许多问题要比这复杂得多，并不是马上就能得出新的结论。在寻找到这一结论之前，我还是会烦恼很长时间，有时可能会好几天。这是不得已的，也没有什么办法。

像这样，我也经常会有烦恼。只是，我并不会输给它们。最后我得出的结论就是：我们要以自己的方式找到新的角度和新的解释来消化这些烦恼。

自问自答	你有会输给烦恼和压力的一面，也有不被烦恼和压力所累的一面。希望你能一如既往地积极对待问题。

素质

　　我认为我们每个人都好比是钻石的原石。钻石的原石经过打磨会散发出光芒。还会因为打磨方法或者切割方法的不同，呈现出各种不同的璀璨之光。同样，我们每个人都具有各种优秀的品质，只要经受磨炼就会发出夺目的光彩。

　　我们在培养人并让其发挥作用的时候，先要充分认识到他们的本质，要考虑发挥出每个人具备的优秀素质。这才是最基本的，不是吗？如果没有这样的认识，不管你拥有多么出色的人才，也难以让其发挥应有的价值。

**自问
自答**　　你是否哀叹过没有人才？你是否在充分认识人的本质，发挥其特有的素质方面有所欠缺？

有人曾经问我："松下先生，你说只要做到拥有素直心就可以。我好像似懂非懂，请问如何才能拥有一颗素直心呢？"我当时回答说："我确实认为必须有一颗素直心。而且以前也跟你说过，素直心十分珍贵，不是一朝一夕就能获得的。如果你渴望自己能以素直心去看待事物，那么请你每天清晨起床之后，不论是面向神灵或者面向佛祖，还是面对自己的内心，每天都要告诉你自己一次：'我今天也要以素直心来看待事物，处理问题。'以此来提醒自己。"

"这你能做到吗？""能做到。让素直心常在，这才只是进入了初级阶段。""素直心也有不同的阶段吗？""并不是有什么阶段，但非要这么说的话，初级阶段的人，任何时候其内心都会坦诚，就不会遭遇失败。""那么，如何才能进入初级阶段？"这是我们应该不断追问的。

自问
自答

据说，松下幸之助先生晚年说过："自己处于素直的初级阶段。"那么，你的素直心现在位于哪一个级别，哪一个阶段呢？

素直心

素直心究竟是什么样的？并不只是我们所说的不违抗他人，顺从他人的意思。我认为真正意义上的素直，是一种具有强大力量，带有积极性色彩的精神。

素直心是没有自私念头的纯洁之心，或者说是不受任何束缚，试图看清事物本质的心。这样的内心能产生捕捉事物真相的力量。因此，我认为，素直心是能够助力捕捉真理的心，是能顺势而为洞悉事物真相的心。

大家如若能够拥有素直心，就能明确区别什么事情能做，什么事情不能做，在是非对错判断上也不会有失误，自然就会明白自己究竟应该做些什么。在对所有的事物进行适时适当判断的基础上，我们就能迈出有力的步伐。如若我们都能拥有一颗素直心，就会变得强大、坚定、聪明。变得聪明就是指积累了智慧。当我们的素直心有所提升，智慧也会随之增加，会变得睿智。这样一来，我们就不会判断失误，能够更加有力更加正确地采取行动。

自问自答	令人尊敬之人，为什么会坚定、强大、聪明？又为什么能见识过人？

亲近自然

　　为了培养素直心，必不可少的就是去亲近自然，去接触和体会大自然的各种活动以及各样姿态。

　　大自然的一切活动，既没有私心，也不受束缚。事物在顺其自然地发展演化，一切都以朴素坦诚的姿态在运转。因此，置身于这样的大自然的活动中，安静地观察自然的形态，观察它的动向，自然而然就能切身地感受和理解素直心，也能发自内心培养出一颗素直心。

**自问
自答**　古有老子曰："上善若水。"希望你像水一样感受大自然的活动，将素直根植于内心深处。

挂在嘴边

清楚地认识到素直心的重要性，每日强烈祈愿自己有一颗素直心，那么我们逐渐就能培养出一颗素直心。这种状况固然理想，但是在现实生活中，我们往往会因为繁忙，最终忘记了自己要去养成一颗素直心的愿望。

为了不遗忘，我们要时常谈及它，要互相鼓励："让我们一起努力培养一颗素直心吧！""要有一颗素直心哪！"将这些祈愿像口号一样喊出来。

早上一碰面，就互相打招呼："早上好！今天也要怀有一颗素直心！"在开工作会议之前，大家一起说："我们本着素直心一起来研讨吧！"不论进行什么谈话，我们都要真诚坦率，一边说"坦率思考的话，事情是不是会变成这样呢""单纯来看，可以这么说吧"，一边推进交流和谈话。

无论睡着还是醒着，无论躺着还是站着，在所有的日常会话和行动中，我们都要将拥有一颗素直心的祈愿放在心头，挂在嘴边。佛教中有"念佛三昧"，在这里就成了"素直三昧"。不仅自己一个人的时候要做到素直三昧，还要和大家一起培养素直心。

自问
自答

万事都是从说出口开始的。
要把想法放在心头，挂在嘴边，反复念诵，并采取行动。

自我观照

过去有种说法叫"不识庐山真面目,只缘身在此山中",一旦进入一座山,便会看不清山的真实面貌。山中既有各色草木,又有各种土石,这些都是山的一部分,却不是山的全貌。要想知道山的真面目,则必须离开山,站在山外看山。

人心也是如此。实际上,我们每个人在某种程度上都会进行自我观照。比如,当我们正热衷于某件事时,会突然醒悟过来,重新冷静地反思自己究竟在做什么。不过,要想时刻保持冷静的心态,就需要身体力行。当然,将自己的身心剥离,让自己的内心从容地由外向内来审视自己,是相当困难的。但是只要我们用心,通过一定的自我训练,逐渐就能做到。

通过这样的自我观照,我们就能发现自身的偏见与固执,并将其改正。也就是说,通过正确把握自我,我们就能正确判断事物,避免陷入以自我为中心的漩涡。通过自我观照,我们就能培养出一颗不受偏见束缚的素直心。只要我们不断提升素直心,就能抓住事物的真相。

审视自我是培养素直心的一种实践,希望大家在做事情的时候,能注意做到自我观照。

自问自答	如同委托外部的咨询公司进行经营分析一样,为自己的心找一个咨询公司。观察一下自己的真实形象。

不断关注最前方

　　幕府末期，在土佐藩有一位名叫桧垣清治的人。当时，他新制了一把在土佐藩很流行的大刀，拿给刚从江户回来的坂本龙马看。坂本一看却说："你这家伙，怎么还举着这样的东西啊？你看我这个！"说着就给他看了自己的小太刀，并说："在满是大炮和手枪的世界，这种大刀太长了，没有用！"

　　清治发现确实如此。于是，他打造了一把和龙马一样的刀，等下次龙马回来的时候拿给他看。龙马又说："最近，用那种刀的太多了，不过现在已经不需要用什么刀了。"说着，龙马掏出了手枪让他看。

　　龙马再回来的时候，据说，他劝大家："现在这种时势，人不能只练武术。必须做学问。你们都读读历史吧！"

　　再后来，见面的时候，据说，他告诉大家："有个非常有趣的东西叫《万国公法》，是文明国家共通的法律。我现在研究它呢！"

　　清治对人感叹道："我总是被龙马抢先一步，实在是遗憾！"而大家认为，正是因为坂本龙马总是在关注着最前方，所以才会走在所有人的前面。而这种不受现状束缚，不断注视前方的姿态，正是素直心在发挥作用的情况下才能具务的。

自问自答	你能否像不受束缚不断关注前方的坂本龙马一样，活得自由自在，融通无碍吗？

别出心裁

比别人多工作一个小时，这是很可贵的，是努力，是勤奋。但是，比以往少工作一个小时，取得比现在更好的成果也很可贵。是人类工作方式的进步，不是吗？

没有创意是做不到的，不下功夫也做不到。工作本身非常可贵，希望大家能在自己的工作上多动脑筋，发挥创意。我们要赞扬大家额头上流着汗水辛勤劳动的样子，也应该称赞大家没有流汗就完成了任务的轻松姿态。这并不是鼓励大家偷懒，而是希望大家能够想办法轻松地工作。我真心希望大家在工作方面多下功夫多想办法，使工作变得更加轻松，并取得更加出色的成果。而社会的繁荣也将由此产生。

自问
自答　有加班才出成果的部下，也有不加班就出成果的部下，应该给予哪个部下更高的评价？

三百六十度视野

世间没有绝对的善与恶。这是在说，世上没有绝对必要的东西，也没有绝对不行的事情。

大家现在都对霍乱感到非常恐惧和不安。或许再过一百多年，我们就有了利用这一病菌的方法。这对人类将会是一个巨大的贡献。同样，随着技术的进步，以前我们认为不必要的东西也许将来就会变成生活的必需品。重要的是，我们不能限定自己的视野，要学会学习和消化新鲜的事物，让它们在各自的位置上发挥作用。"只有进入自己视野的东西才是正确的"，这样的想法是不可取的。

现实社会存在这样一种判断事物的倾向：很多人认为只有自己的认识是正确的。哪怕目力所及的范围很狭窄，也坚持认为视野之外的事物都是邪恶的。这是非常可怕的事情。

大家没有认识到自己认知之外的事物与自己相互作用的关系。所以只对狭窄的视野内的事物表示赞成，而排斥和打击视野之外的事物。一旦人们有了这样的想法，将酿成不堪设想的后果。

虽然我们常说要带着宽容的心态拓展自己的见识，但只在嘴上说是远远不够的，必须进行实质性的开拓。想要拥有全方位的三百六十度的见识，就要思考视野中所有的事物应该如何生存。这才是从根本上开阔视野。

自问自答	现在自己的视野究竟有多少度呢？

永不止步地思考

既然大家进入了这家公司，自然就会面临如何与长者和前辈相处的礼仪问题，这在什么时候都是必不可少的。作为一名有责任感的员工，我希望大家能不断地提出自己认为不错的建议。假使你认真思考，哪怕就一件事情也会想出无穷无尽的可能。如果你不思考，就算再过三十年、四十年，你也不会懂，也不会知道。事情就是这样。

自问自答	假如今天不思考，也许再过五年、十年、二十年，你还是不知道！所以，现在思考！现在提案！

从常识中解放

常识就是前人积累的智慧，当然十分重要。但是，为了创造新事物，我们就必须从常识中解放自己。怎么才能从常识中得到解放呢？这就需要我们怀有满腔的热情。

实际上，那些掌握更多知识的人，就越需要拥有推陈出新的热情。

| 自问自答 | 要以超越自身知识的强烈热情，将自己从常识中解放出来！ |

转念

　　最近常有人提到"转念"，我认为它是非常重要的。所谓转念，通俗地来讲，就是改变看法。转变一百八十度，把之前从表面观察的东西重新换个角度从里向外观察。如此一来，也许会发现从未看到的种种现象。与之相反，如果你一直都是从里面来看事物的话，转换一下，你也会有一些新的发现。于是，就会产生新的想法，这就与进步发展建立了紧密的联系。

　　不过，这说起来简单，要做的话却并不容易。谁都知道它的重要性，正因为如此，才会有人强烈地呼吁践行转换思维。尽管如此，一旦需要大家在行动上配合，人们依然会拘泥于过去的看法，保持旧态不变。

　　我认为原因之一就是我们的心胸太狭窄了。这也是一种自我束缚，就像是驾着马车的马，只能看到自己目光所及的地方。在这种情况下，要一百八十度转变看法的确很难。我们必须让心胸变得更加宽广，这样才能自由地转换想法。

> **自问**
> **自答**
> 你是否变成了"拉马车的马"？
> 你是否让别人变成了"拉马车的马"？

　　想想看，人心真是不可思议的东西。有句话叫作"人情之微妙"。人们总会为一些微不足道的小事感到愉快、悲伤，或愤怒，有时还会膨胀得很大，有时又收缩得很小。会如此微妙地变化的就是人心。因此，为了能够心情舒畅地共同生活，大家就要互相了解，行动的时候要考虑他人的感受。这是极为重要的，不是吗？

自问自答	人心的确在微妙地变化。 你是否无意间让部下感到失望了？

平等

　　刚进入公司的新员工最初都是由前辈来指导，他们一边接受指导，一边逐步掌握工作的技能。所以，新员工要坦诚地听取前辈的各种教诲，要多向前辈请教，不要放过任何不懂的地方，争取尽早地掌握工作技能，取得进步。如此，才能成长为一名能够独当一面的员工。

　　我并不认可"因为是新员工，只要单方面接受指导就可以"的看法。"新员工要以新员工的方式来促进前辈的提高"，这样说也许会有些难以理解，但是我认为，新员工必须就自己每天在工作中注意到的各种事情，提出自己的建议和想法。

　　有人会认为："因为自己是个新人，是这里最小的晚辈，没有什么经验，工作相关的知识也储备不足。所以，提建议显得太没分寸啦！按照前辈们所说的去做就好了。"我认为，但凡涉及工作，这种顾虑就是多余的。只要是为了公司能够更好地发展，从本质上来说，不论是社长还是新员工都是平等的。我们应该这样来考虑问题。

　　虽说老员工经验丰富，也很熟练，但是他们往往容易受成见的束缚，认为现状是理所当然的，注意不到需要改善的地方。我认为，从这点来说，新员工能以全新的视角看待一切，所以很多时候他们会感觉到，"这个地方要是这么做的话是不是更好"。遇到这种情况，我希望新员工能够不断提出自己的建议和设想。

自问自答	要进行彻底的思考！不能放弃思考！ 公司里不分社长、部长、新人！无须顾虑！

准确的价值判断

为了能让每个公司和商店都获得发展，让其作为社会公器大放异彩，我们应该在员工的培训，或者说员工的成长上付出更大的努力和更多的心血。只要加入了拥有这种理念并为之不断努力的公司，青年员工的未来就会非常光明璀璨。

利用以人为本的思维方式，努力培养员工正确的经营常识，这对公司来说是非常重要的。为此，大家要先成为商业人士，再作为社会人，必须能够对事物的价值做出正确的判断，否则就会非常麻烦。公司必须在各个方面把员工培养成拥有准确的价值判断理念的人。

能够做出准确的价值判断，就能进行自我判断。不能进行自我判断的人也不可能做出价值判断，这样的人聚集在一起，也只能称为乌合之众。那些无论在各个方面与任何时候，都能在某种程度上做出准确价值判断的人聚集起来的话，就能让事情极为顺利地运转。如此一来，想要获得和平和繁荣也并不困难。

自问自答	这个商品的价值有多大，价格是多少？自己公司的股票是否稳妥，公司的品牌有多大知名度？希望大家先从参透身边的事情着手来提高自己的价值判断力。

金钱的价值

我认为金钱是非常有趣的东西。对于同等数额的钱，获得方式不同，其使用方式也会产生极大的不同，因此那些钱所发挥的价值也会不同。

比如，当你得到了一笔意外之财，或者突然从别人那里拿到了一笔钱，就会不由自主地挥霍。当你回过神来的时候，所有的钱不知何时都挥霍完了。结果自己也不知道那些钱用来做了什么。这样的话，这笔钱的价值就没能得到充分发挥。

与此相反，同样是这笔钱，如果是自己辛勤努力挥洒汗水赚来的，你就不会轻易挥霍。这都是大家经常会遇到的事情。归根结底是人性使然，是亘古不变的人性的一面导致的。

从这个角度看，还是靠自己流着汗水辛勤劳动获得的金钱才显得珍贵。所以那些不是自己流汗挣来的钱，既不能拿也不能借。我们必须具备这样的思维方式，因为只有这样，一个人的活法才会变得坚实牢靠，金钱的价值也才能得以实现。我认为那些总是想着不劳而获的人，不仅无法实现金钱的价值，其人生也会不得安宁。

自问
自答　你钱包中的钱是否发挥了它的作用？

误解和反省

虽说误解是经常会发生的，但是谁也不愿意被人误解。所以，想要解开误会，是理所当然的。

但是，我认为比这更重要的是就被误解这件事情进行自我反省。就是说，你做的事情真的是正确的，即便有一部分人会误解你，也会有更多的人认可和支持你。这就是所谓的社会吧。

这样想来，如果你因为被人误解而烦恼，不如将它当作一个自我反省的机会。岂不更好？

自问自答	何时，你才能成为一个将别人的误解转变成成长的食粮的人？

总之，一定要去思考，要下功夫，要尝试。如果失败了就要重新再来，如果重试还不行，那就要另想办法，再尝试一次。

一般来说，同样的事情如果不改变方式，那么不管重复多少次，也不会有进步可言。萧规曹随纵然好，但是打破先例，去下功夫想新方法更为重要。只要我们勇于尝试，就一定会找到新的方法。与其恐惧失败，不如担心在生活中自己没有好的做事方法。

多亏我们祖先不断努力和积累，才能有我们今天的生活。就算在我们不经意间忽略的生活细节中，他们也留下了宝贵的充满创意的财富。一盏茶碗，一支笔，你若是仔细真切地观察，就会发现，这是多么精彩的创造啊！这正是所谓从无到有的创造！

让我们来重新思考一次。今天不要再去重复昨日之事。不论事情多么小多么琐碎，今天不要重复昨天的事情。有了许许多多人的这种点点滴滴的积累，才会创造出一片繁荣的景象。

自问
自答

不要畏惧失败！而要畏惧不下功夫的自己！

新的视角

人往往容易被一种思维束缚，尤其是难以摆脱过去的常识和观念。但是，时光在不停地流转变换。昨天那些被认为是正确的事情，到了今天未必就能行得通。

所以，领导者不能被过去的常识、固有的观念，以及任何其他东西束缚，必须用新的视角去看待周围的事物。而且，我认为，当我们以一颗不受束缚的素直心在不断进行新的创造的时候，就会有进步，也会有发展。

自问
自答

你是否已采取了下一步措施？你是否已经有了下一个构想？你有没有被过去的常识束缚？

留有余地

大家往往会专注于一项工作，尤其是从事技术工作的人，大多数人都是这样。因为其注意力都集中在一个东西上，所以也不得不专注。能够这样也不错。

我们有些学者的工作是研究人眼看不见的细菌，他们会倾注毕生的心血去进行这项研究。虽说有的研究成果会在他们当时所处的时代就出现效果，但是有的研究成果，要在研究者逝世的一百年甚至是二百年后才会显现相应的效果。

这就是他们的工作，对于这些学者和技术人员来说，不论如何他们都会将精力集中到一个东西或一件事上。虽然说这样也不错，但是拥有能广泛吸收东西的灵活的头脑也很有必要。虽然专注，但并不受束缚。全神贯注，要让大脑像海绵一样工作。

一般来说，我们听了别人说的好话就会非常感动，而一旦这些感动塞满了我们的头脑，其他再好的事情也就听不进去了。因此，不管我们听进去了什么样的事情，都不能让它占满我们的大脑，必须留有余地，要有一点空隙。如果大脑不能像海绵一样不断吸收，我们就会变成一个固执的老头儿。即使不变成顽固的老头儿，也会变成一个顽固的人，被大家认为："真是顽固，或许因为他是个技术工作者吧！"

作为技术人员，这样肯定不行。技术人员更要吸收东西，更应该欣然地接受所有的事物。我们要有这样的认识。

自问自答 你是否变成了一个顽固的老头儿？

你是否做到了物尽其用

坂田三吉是一代日本将棋名家，在每一次对局中他都会费尽心思充分发挥每个棋子的优势，赢得棋局。而我想制造出更好的产品的这股认真劲儿并不亚于坂田三吉。一边是为了使用这些产品的顾客，一边是为了流淌着汗水努力工作的员工，作为社长，我认为自己也有责任制造出更好的产品，并使其充分发挥作用。

当然这种想法并不局限于日本将棋中的棋子和我制造的产品。要让一个东西真正物尽其用其实并不容易，是非常困难的。只有我们人类才能灵活地使用这世间的各种东西，并让它们充分发挥价值。也正因此，我们的生活水平才能不断提高。今天，我们所享受到的富裕而便利的生活，也是积极努力地活用前人创造的东西才建立起来的。这是毫无疑问的。

当我们一边思考这些问题，一边审视自己周围的时候，你会发现，我们已经习惯了如今丰富的生活，并没有真正努力去发挥事物本身的价值，让很多东西都在伤心流泪。难道不是这样吗？

| 自问 | 要物尽其用！ |
| 自答 | 要努力将其独特的价值发挥到极致！ |

我们认为：做生意的时候，商品只要能卖出去五个，变换不同的销售方式，就还能再卖出一千个。要是能卖出一千个，那么卖出十万个也绝对不是不可能的。如果完全卖不出去的话，就另当别论。我认为就算只有五个人买，也意味着这一商品是能被人们接受的。因为人们的想法往往没有太大的差别。

接下来的销售，就要看你的本事，看你的做法，看你的热忱。这样想的话，生意就会变得非常有意思，又怎能不让人受到鼓舞？

自问
自答　　面对"情况非常严峻"这样的报告，你能否提出激励员工、鼓舞士气的办法？

真正的自省

众所周知，所谓自省就是对自身进行反思，仔细想想，我认为这是只有人类才能做到的。当然，马和牛之类的动物，有时可能也会做类似于自省的事，但是无法想象它们能用像人类一样的精神结构来自我反省。

自省是人类独有的特质，同时，只要是人就必须自省。换句话说，我们是否可以认为，自省是人类应尽的一种义务？

对于自省，虽然在语言和形态上各有不同，但是这种心态，在很早之前就有人反复提到了。在我还是孩子的时候，不管是在家里、学校、商店或者公司，大家都会受到非常严格的管教。社会中普遍存在一种以自省为荣的风气，然而，不得不说现在这种社会氛围已经变得淡薄了。可以认为这种不太尊重自省的风气正在蔓延。我认为这可能会引发各种混乱。

真正的自省，存在于各种主义和思想之前，可以说是人最重要、最基本的一种心态。只有站在这个基础上，我们才能明白"吾辈何所为"这个道理，不是吗？

自问 自答	自省是人类的义务。 希望你是个能够回答"吾辈何所为"的人。

发明的启示

发明创造的启发，与其说是从同行那里得来的，不如说是从外行那里得来的。我也经常这样对研究部的成员说："不要总是在办公室里和同事交流，多去街上走一走，去获取有关发明的启发和提示！"

自问 自答	现场到处都留有线索。 这个理所当然的事情，你是否已经忘记？

　　人为了保持健康，摄取营养很重要。如果缺少某些营养就会导致营养失衡，然而一旦营养过剩，也会损害健康。炎热的时候要脱衣服，寒冷的时候要加衣服。如果穿得过厚，就会出汗感到非常难受。总之，就是要适当地去做应该做的事情，才符合自然规律，是最健康的生活姿态。

　　自然的道理也好，适当行事也好，乍一看似乎有些模棱两可。我认为，将这种模糊的道理身体力行到极致才是真正的学问，是人类的生存之道。科学进步了，人类的不幸反而增加了；知识进步了，恶行反而变多了。之所以会这样，不就是我们对人类的生存之道缺乏应有的谦虚态度吗？

　　就公司的发展而言，如果我们只是考虑自己的公司，而忘记了周围的人心所向，那么根基就会瓦解。必须找到所谓符合自然之理的，中庸适度的以及谦虚易行的人生之路。

　　干劲十足、热情高涨的样子固然很好，但我们必须严加注意不能过于自我，也不能过于意气用事。

| 自问自答 | 明明有一条适当的、谦虚且安逸的道路，但你是否只考虑了自己的成功和发展？你能否仔细琢磨一下"中庸"？ |

人总是变化无常。刚刚还在愉快地笑着，转瞬间又会变得非常悲观。这种变化无常会给别人提供可乘之机，这个问题我们必须认真对待。

正是因为存在这种变化，人的努力才会变得有价值有意义。想让大家在职场上愉快相处，都能高兴地工作，必须下功夫让职场的氛围变得轻松愉快。这样，你的努力也就变得有价值有意义。

而对于这种人类心理活动的自在度，从事经营管理的人或者站在领导者立场上的人应该多了解和掌握一些。

同一种讲话方式，也会因交谈对象的不同而给人不同的感受。如果无论什么样的表达方式，对方的感受都是相同的，我们自然就没有什么可担心的。没有什么深刻的感触，反应当然会变得非常平淡。实际上，也有因为说话方式，对方发生巨大的变化的情况，有人会因此受到刺激，有的不会。

考虑到这些情况，处于领导者地位的人，必须对此进行充分的认识。为了使职场气氛更加明朗，需要适当地增加设施。然而只有设施是不够的，设施只是一个辅助和补充，主要在于设施以外的人际关系和与人讲话的方式等，这些才是最重要的。

| 自问自答 | 我常说"如果换个地方"，但只换办公场所或设备，并不会改变办公室的气氛，最终还是人际关系要变得和谐。 |

人生的姿态

打雷和下雨这些都是自然现象，生活因为有了这些变化才变得充满趣味。要是这些变化都非常有规律，可以准确预测又会怎样呢？

如果这些自然现象是规律性发生并且能够预测，当然有的时候会非常方便，而有的时候是不是会产生麻烦？那些生活的乐趣或者趣味会不会有所减少？

这与我们的人生之旅非常相似，旅途中都会有许多无法预料的障碍。我们身处这些障碍之中，必须寻求自己的道路，推进工作。这就是人生真正的姿态。

关于成功的姿态，我认为，它就是人虽然经常会遇到一些无法预测的障碍，但总能克服，最终迈向广阔的道路。

自问自答	不论事业还是人生，无法预测才有趣味。有无穷的回味。

一日百变

如今这个时代节奏非常快。昨天还能做的事情，到了今天情况就变了，可能就不允许你做了。不会允许哪个人三年如一日，一成不变，更不用说是十年如一日了。我们大家的工作是这样，国家也是这样。

有句话叫作"君子日有三变"。是说，所谓君子，早上想的事情到了中午就会改变。白天必须和早上想不同的事情，说不同的话。而白天思考的东西，到了晚上又不一样。这是两千多年前中国贤人告诉我们的道理。我想这也意味着君子的进步就要如此之快。

如果说两千多年前的君子一日变三次，那么今天的君子如果日变三次就已经来不及了，我们必须日变百次，每时每刻都要把握变化的情况。

自问
自答　一日三变为时已晚。一日百变这种速度，你现在的脑子和身体能否承受？

4月

磨炼心性

搭梯子

迄今为止，有很多人在我这里工作过。要说真正了不起的，是那些能抓住机会，积极主动的人，是满怀一腔热忱的人。拥有"我想上二楼，无论如何都想登上二楼"这种热情的人才会想要搭个梯子。富有热情的人，他们会绞尽脑汁想登上二楼的方法，他们会想到搭个梯子。而只是想着"我想上二楼看看"的人是不会想去搭梯子的。"我唯一的目标就是上到二楼"，只有具有如此热情的人才会想要搭建梯子。

有些优秀的人也会想去二楼看看，然而其中一些人只是怀着"并不太想爬到二楼，不过上去看看也可以"的心情，也是不会想到要去搭个梯子的。所以，"想向上攀登"的热情才是重点所在。一个人如果对工作没有热情，就会什么都做不好。所以热忱才是一切的关键。凡事有了热忱，学到的技术和知识才能充分发挥作用。

| 自问自答 | 满怀热忱才会想要搭建梯子。你是否拥有搭建梯子的热情？ |

受人喜爱

对于商人来说，最重要的责任是什么呢？简单来说，就是要受大家喜爱。商人如果不受大家喜爱的话是不行的。如果没能让大家产生"那个人干得真好哇！我要是能做到他那样就好了！就在他这里买点什么"的想法是不行的。为了达成这个目标，服务精神最为重要。如果没有服务精神，别人就不会产生"在你那里买点什么"的想法。

正因为这样，我们说商人最重要的任务就是要被人喜爱，就是要从事那些受人喜爱的工作。做不到这一点的人，不适合做商人。而勉强为之则一定会失败，道理大概就是这样的。

| 自问自答 | 服务顾客，满足客户，为团队、组织、社会做出贡献。要受大家喜爱，应该做的事情有很多。 |

今年也会有很多人从学校毕业步入社会。一旦进入公司，就会和同事、前辈们一起工作。如果你每天都是抱着"只要做好分配给自己的工作就好了"的想法来工作的话，我认为你不仅感受不到快乐，看待事物的视野也会受到限制。

如果我们将公司或者社会，当作自己学习人生知识的一所学校，那将会怎样呢？在这所学校里有着各种各样的人，他们展现着各自不同的人生样态。在这里，要学习的东西是无穷无尽的。

如果这样想的话，为了学习和探索人生，无论什么工作，我们都要满怀热情积极地投入。这样一来，每天是不是就会收获快乐呢？

自问 自答	无论是社长、部长还是科长，都有着自己不同的人生。 是否要向他们学习，这完全取决于你自己。

善于觉察

必须像宫本武藏那样修行。他在修行的时候，只要听到钟声，就知道是风吹过来了。通过钟的声音，他在努力获取信息，而并没有去理会："啊，这风吹得真冷啊！"

伟人都明白：一流的大将或军师在打仗的时候，看到天空中的鸟四处逃窜，就会察觉到有什么东西藏在那里，或许是伏兵，没有准备的话，到了那里就会遭到攻击，所以选择绕道而行。像这样的事情，即使没有人教，你也要知道。完全不假思索就贸然前行的话，一旦有伏兵，马上就会遭遇危险。如果大将军这样做，势必会输掉战争。

头脑必须灵敏地觉察到："小鸟刚刚成群起飞，突然凌乱地四散飞去了。为什么会这样呢？那下面有什么吧？是不是看到了一群手拿刀枪身着盔甲的人，受到了惊吓？从这里什么也看不到，如果像小鸟一样从天空往下看的话，就会知道那里有伏兵吧。"

就算不是战争，我们的日常生活中也会有这样的事情。如果我们不能敏锐地觉察到这些细节就会遭遇失败。这一点我们要铭记在心。

| 自问自答 | 组织里的领导需要能觉察到容易被忽略的细节。现在的你是否已经成了善于觉察之人？ |

洗心革面

想想今天，世界在发展，各个国家都在发展，每个国家都有更多的有生力量投入各项工作中去。而每个国民都将在各个不同的领域，拼命做着各自不同的工作，并从中获得喜悦。我认为那些拥有完备的出勤制度和工作制度，能够在更大程度上保障人民劳动权利的国家，一定会得到最大的发展。这直接关系大家的幸福。

迄今为止，每当我遇到困难的时候，我都会自问自答，问自己是否在拼命地做着这份工作。通过这样的自问自答，我发现之所以会感到无比烦恼，是因为自己似乎并没有拼命工作。也就是说，我的感觉是："自己在面对困难的时候，并没有拼命。试图轻轻松松地对待，才会有这个烦恼。"于是，我会洗心革面，直面困难。这样一来，就能产生无限的勇气，困难也变得不再棘手，而一个接一个新的创意和办法也冒了出来。我有许多这样的体验。

自问自答	感到无比烦恼时，一定要提醒自己！你并没有拼命工作，轻松以待的想法潜藏在你心里。

心灵的体验

　　大家每日都在忙于工作。结果有人会取得显著的成果，有人会遭遇失败，陷入事业受阻的局面。当然，这些都是人生非常重要的体验。在每天一个接一个的日常工作中，我们也会有很多类似的体验，比如觉得"事情办得不错"或者感到"做得太过，失败了"，也会反思"虽然不算失败，但本该有更好的办法"等。如果我们每天都尝试着去反思和品味一下这些体验，这又何尝不会成为另外一种宝贵的经验呢？

　　只要我们认真体验，一定会发现：在获得成功的过程中，都会有个别失败，而在一个遭遇失败的过程中，也会有些许成功。如果我们能学会在平凡无奇的每一天中，仔细回味这些微不足道的成功或失败，就能积累更多的经验，而受益终生。

　　这些也可以称为心灵的体验。尽管惊天动地的成败经验非常宝贵，但在这个瞬息万变的时代，我认为更重要的是学会从看似不起眼的失败或成功中总结经验。对"这个做得太过了""那个有点糟糕"的体验进行反思，积累成自己独特的经验。如果我们不去反思，只是漫不经心地度过每一天，就等同于没有什么体验。值得庆幸的是，今天我们身处的社会环境非常艰难，所以我们有了这样一个难得的机会，获得通常难以得到的各种体验。为了能让这些难得的体验发挥更大的作用，我们每天都要认真体会并积累这样的心灵感受。

自问自答	有些微不足道的成功和失败，并不会在结果中体现。对此进行坦诚的反思，将其变成心灵的体验。

盐的咸味

并不是只有大的成功和大的失败才能称为人生的体验。在安稳的日子里，心态不同，也可以积累很多体验。

我们常说"百闻不如一见"。意思是说，关于某事或某物，与其从别人那里听一百次，不如实际去看一次。我认为的确如此。然而，有些东西即使已经看了很多次，还是难以把握其本质。这种情况也是存在的。

我们看看盐，就能知道"哦，盐就是白色的东西，原来是这种感觉啊"。盐的咸味，不管你怎么想，怎么看也不会明白吧？你要先试着舔一下，而不是用头脑去思考，自己亲自尝过之后才会知道：原来盐是这样的。

通过这样的体验，才能抓住和理解事物的本质，而这种情况在社会上并不少见。换句话说，有时我们可以称此为"百闻百见不如亲身体验"。

自问自答	不能只是依靠心灵的体验，想抓住本质必须自己着手，了解现场的实际情况。

人情味

据说，过去的生意人在睡觉的时候，脚不会朝着客人家的方向，始终秉持着心怀感激之情的待客之道。这种心情自然也会传达给客人，客人就会对这家店产生一种偏爱。不管在哪里买东西都是一样的，客人的心里却会有一种"要是不在那里买，就不踏实"的感觉。这样一来，两者心意相通关系融洽，进而会使整个社会都变得温暖。

这种情感，随着社会越来越便利，公司规模的不断扩大，不知不觉变得越来越淡薄。很多时候，事情就变成了"只要能把东西卖了，那就行了"。如此一来，人和人之间心灵的沟通将会逐渐消失，全体国民的情感也会逐渐趋于淡薄，最终整个社会就会失去温暖。

自问自答	要和自己的事业心灵相通。每一个人都要成为"照亮一隅"之人，这关系着培养国民感情。

专业人士的自觉

所谓专业人士，就是选择一条道路作为自己职业的专门人才。所谓行业专家，就是在这个行业里能够独当一面的人。无论你从事的是什么职业，都是利用自己的专业知识从别人那里获得金钱，从这个意义上来说，你已经进入了专业人士的行列，而并非一名业余爱好者。

在演艺界和体育界，专业和业余有着非常严格的区分。如果你达不到专业水准，没有真正的专业价值，就得不到金钱。顾客不是慈善家，并不会以怜悯之心轻易付费给你。因此，立志成为专业人士并不容易，为了保持专业水平，必须付出非凡的努力。

绝对不能娇气。大家出了学校进入公司、机关，一进去就能拿到工资。拿到工资，就是你已经自立了，也就是说，你已经加入了专业人士的行列，不再是业余爱好者了。和演艺界和体育界的人士一样，作为专业人士，你必须具备严格的自觉性和自我磨炼的精神。那么，我们大家是否已经具备成为专业人士的觉悟和意识？

自问自答	自己是不是业余爱好者，是否已经结束了业余爱好者的阶段？

界限分明

我清晨起床洗脸之后，先会双手合十端坐佛前。全家人会和我一起合掌参拜，哪怕只有一根香也没关系，这样就分清了清晨的界限。我晚上就寝时，也会和清晨一样进行参拜。晚上就是晚上，必须清清楚楚地区分开来。虽说没有必要拘泥于形式，但一天的界限就是从这种态度中诞生的。

无论做任何事情，区分清楚界限最为重要，没有分寸的生活就会散漫无章。而生活一旦散漫，人就无法工作。不但不会提升智慧，还会经常丢三落四。

做生意是这样，从事经营也是这样。经营上如果没有区分清晰的界限，就一定会在某处产生破绽。景气的时候还好，一旦不景气，公司立即就会坍塌瓦解。这就如同"千里之堤，溃于蚁穴"一样，大的生意和买卖，双方之间的界限稍有松懈就会破裂。因此，我们在平时就要注意，再小的事情也要分清楚界限，并且要用心认真地对待。

为此，教养非常重要。平时就要注意培养自己良好的教养。这既是为了自己，也是为了不给社会增添麻烦。希望大家能培养自己的教养，营造界限分明的生活。

自问自答	要自己培养良好的教养！ 人生也好，工作也好，都需要分清界限！

4月11日　　贩卖心意，收获真心

物品流通，金钱运转，于是生意姑且就算成立了。还有一件根本性的非常重要的事情，那就是人心也必须和这些钱物一起移动。

如果生意单纯只是制造物品，出售产品，获取金钱，那么就会变得索然无味。制造物品的同时培育自己的心灵，与物品一同贩卖一份心意，最后获得金钱收获感恩。也就是说，这不只是物品和金钱之间的情投意合，还有更重要的东西，那就是买卖双方彼此心灵的沟通与交流。我认为做生意真正的意义就在于此。

商场如战场，我们大家每天都过着非常残酷的生活。然而，我们并没有被这种残酷打败、打倒。相反，我们从中感受到了巨大的生存价值和深深的喜悦。这是为什么呢？因为做生意并不是单纯的买卖，其中包含着我们每一天的努力和奉献，在这个层面上，美好的心灵都是相通的，不是吗？让我们大胆地进行心灵的沟通和交流吧！

自问自答	将人心寄托到物品和金钱上，通过物品和金钱，彼此的心灵会互相沟通。你有过多少如此美妙的体验？

感激之情

这是很久以前的事情了。我曾经有过一段时间，身体不怎么舒服。也许是身体状况不好的缘故，精神上多少也感到有些劳神费力，那时候总有种落寞的感觉。

于是，我跟友人叙述了自己的这种情况："最近，我好像精神有点疲倦吧。总感到很寂寥，看事物很容易悲观。这是什么缘故呢？"他的说法是："这要是女性的话就是歇斯底里呀，你是不是精神上稍微有点抑郁呢？"虽然我并不认为自己会得抑郁症，但还是又问了一下："那是为什么？怎么办才好哇？"

于是，他说："原因极为简单。你不知道什么是高兴，什么是难能可贵。换句话说，因为你没有感激之情，所以才会陷入这种孤独感之中！"而且，他继续回答我说："如果你能好好思考一下我说的这一点，你就会觉得这个世界是非常快乐的。不论发生什么问题你都不用担心。就算问题出现得再多，内心常存感激之情的话，你的勇气就会不断涌现。"

我静心细想，确实如此。"这是自己的看法有误。对于该欢喜的事情却愤慨不已，让各种烦恼减弱了自己身心的机能。"反思之余，我认识到，我必须进一步拓宽自己的视野，必须重新审视和改正自己的心态。

自问 自答	对于被抑郁困扰的部下，你会说些什么？ 如果抑郁的情绪泛滥，你会对自己说些什么？ 要知道感激，懂得感恩。

感谢所有的一切

如今这个社会，无论是你还是我，不管一个人如何拼命努力，仅凭一己之力想要生存是完全不可能的。我们度过的每一天，都有父母、兄弟、前辈、同事、后辈的帮助。即便是处于世界各地的素昧平生的人们，也和我们有着千丝万缕的联系。

不仅是人，还有环境，以及我们周围所有的事物，多亏了它们，我们才得以生存。当然，其中也有大自然的恩惠，神灵和佛祖的加持，还有让你我得以在这里生存的祖先们的庇佑。

我们对此怀有感恩之情，作为人来说，是理所当然的。"我不借助任何人的力量，凭自己的力量生存。也不受任何人的照顾，因此也不会向谁低头。"如果你抱有这种想法，那么从一开始，你就将自己放到了孤军奋战的状况之中。只有对所有的一切心存感恩之情，才会产生关怀和同情之心，才能采取尊重他人立场的行动，也才能踏上通往共同繁荣共同幸福的大路。

自问自答	你会投身于哪一条道路，是孤军奋战的世界，还是共生共荣的世界？

奋斗

　　人就是这样，一旦不被提醒，不被斥责，对事物的看法和想法就会变得天真起来，还容易怠惰，就不进行艰苦的努力。实际上，人类也不是天生就什么都知道，什么都能做到。

　　一般来说，无论是在哪一个公司，一个刚刚入职的白领很难打一个让人满意的电话或者写一封令人满意的信。上司或前辈会指出你的不足，提醒你注意，有时你却对此感到心烦。即使感到心烦，你也要有一种"要尽快努力不再让人提醒"的心态，认真踏实地逐渐掌握工作的要领，成为一名合格的员工。

　　如果默不作声，得过且过的话，长此以往就会形成一种习惯。以后就算有进步，也会纵容自己"差不多就行了"，无论何时都是差不多就结束了，而不去深入地追求进步。其结局就是，你如果不被提醒也不被批评，就不会进步和发展。这对个人，甚至是对公司和社会也没有什么好处。

　　因此，人啊，该批评的时候就要严厉地批评，被批评的时候，也应该坦诚地接受批评，并谦虚地反省，努力奋进。因为只有勤勉才能成长，才能提高实力。

| 自问自答 | 电话、信件、邮件的收发……我们从上司和前辈那里得到了很多教诲，也受到了很多批评。希望大家珍惜这些批评和指导。 |

灵活的思维

人往往容易安于现状或对现状感到满足。时光在不停流逝，岁月在不断变迁，所以人类也应该与时俱进，不断创造出与日新月异的时代相适应的新的思考方式和行为方式。这才是最重要的，不是吗？只有这样，才能有"今天比昨天好，明天比今天更好"这种令人期待的向上进步的姿态。

但是，创造新的事物，并不是那么简单的事情。新发明或新创造，并不是来自那种认为现状固定不变的想法，而是源于将现状看作每时每刻在不断变化的灵活思维，不是吗？要说来自哪里，我想，还是从"拥有一颗素直心"的想法中来的吧！

拥有了素直心，就不会拘泥于现状，自然就能时常思考，什么是正确的和什么是令人期待的，也能够相对容易地看透这些问题的关键。

自问自答	认为现状固定不变的自己，和顺应时代潮流而不断进步的自己，哪一个才是理想中的你？

谦虚的自信

我认为，无论做什么事情，重要的是要有一个信念，或者说是自信，尤其是在做生意或经营企业的时候，这是很有必要的。没有信念的经营，缺乏自信的经营，能量就会很弱，也很难取得成果。所以，大家在工作的时候，需要不断提高自信，找到信念，我认为这很重要。

然而，不管它多么重要，我们也不能盲目自信。我们需要的自信，应该是建立在谦虚之心基础上的。没有了谦虚之心，自信也就变成了自大。只要我们回头仔细看看，就能发现，凡是失败的人都会有这样一种倾向：固执己见，欠缺谦虚之心。自信建立在谦虚之心基础上的话，就会成为伟大的信念，能够引导我们的事业取得成功。

我觉得职位高的人更需要有谦虚之心。职位低的人即使缺乏谦虚的精神，上面的领导也会提醒："你这个想法错啦。那样的话可不行！"他们就会注意到自己的问题，并进行改正。如果你是职位高的人，没有什么人会提醒你。所以，必须自我反省，或者必须经常自问自答，问一问自己是否谦虚。

只要有了谦虚之心，就能看到别人的长处。这样一来，就会认识到很多部下要比自己更加优秀。当你认为自己的部下什么都不行的时候，其实就是缺少了谦虚的姿态。当然，我们也不能以偏概全，肯定有不如自己的部下。即使是这样，只要心怀谦虚之心也能找到他们的优点，从而掌握用人方法。

自问自答	失去谦虚之心的自信是自大，建立在谦虚之心基础上的自信是信念。你是否失去了谦虚的姿态？

热情与执念

我们有很多人都知道雕塑家平栉田中先生。平栉田中先生出生于明治五年（1872 年），是日本木雕界首屈一指的大师，其作品跨越了明治、大正以及昭和三个时期。

平栉先生和我并没有什么特别亲密的交往。因为某种缘分，我曾在十几年前有幸亲眼见过他。虽说拜访的时间很短，但非常荣幸得到了先生的指教。当时平栉先生已经将近百岁了，我也七十过半了，他跟我说了这些话。

"松下先生，六七十岁还是个流鼻涕的顽童呢，男人活到一百岁才是正当年呢。所以，我从现在开始还有很多事情要做呢！"

在一般人看来，平栉先生和我，已经到了应该急流勇退，颐养天年，理应过着隐居生活的年龄。听到平栉先生的这番话，我既感震惊又很是钦佩，觉得他是一个心态相当年轻的人。后来听说，这是平栉先生的一个口头禅，据说他还喜欢说"现在不做更待何时？我不去做更待何人"这样的话。

数年之后，在平栉先生百岁华诞之际，我偶然得知平栉先生在自家院子里囤放了足够用五十年的木料来创作木雕作品。与先生初次见面的时候，虽然我很佩服他是一个心态相当年轻的人，但是我从没想到，他年过百岁还会为自己储存够五十年用的木料。从他一直保持着创作作品的热情来看，他所说的"男人活到一百岁才是正当年"，不只是口头上说说而已，而是一种执念，也就是真正要完成自己的艺术创作，还必须再雕刻五十年。百岁老人平栉先生仍然坚持创作，这让我再次感受到了他满腔的热情和强烈的信念。

自问 自答	"现在不做更待何时？我不去做更待何人？"你的这种气概去了哪里？

独立之心

我们做任何事情，如果没有独立自主的意识，而是指望他人，依赖他人，就很难取得真正的成功。一个人是这样，一个公司也是如此。依靠他人的资金，他人的技术，自身却没有什么可以依靠的话，就无法期待会有稳定的发展。这对于一个国家来说，也是一样的道理。如果我们想依靠他国的资金、他国的资源、他国的善意来谋求自己国家的独立，其基础就会变得极为脆弱。而之所以在石油危机的时候，日本政府、企业包括一般国民都惊慌失措，而出现了严重的混乱，就是因为我们国家独立自主的风气在不知不觉中越来越淡薄，而依赖心不断加重。这和邻邦中国高举独立自主和自力更生的国策形成了颇为鲜明的对比。

因此，领导人必须先培养起自身独立自主的精神，并切实地践行这种精神。还必须将这种独立之心根植到人们的心中。还有，无论这个领导人具有多强的自主性，作为国民的我们也不能一味依赖他。

明治时期的先觉福泽谕吉先生早已道破"没有独立精神者，思虑国是也不会深切"这个道理。我们常说，没有独立精神的人，不管是几千人，还是几万人聚集在一起，无非就是一群乌合之众。不只是国家，公司的员工没有独立的精神，也会是同样的结果。

作为一名领导人你必须知道：独立之心的培养才是左右一个公司、一个团体，甚至一个国家兴衰的关键。

自问 自答	畏惧依赖心！ 培养独立心！

豁达

你是松下电器的员工，却只是抱有"因为它是一家比较好的公司，所以我在这里工作"这类想法是绝对不行的。你要有超越这种想法的意识，认识到"我既然已经是松下电器的员工了，就一定要把工作做好、做彻底"。从社会的角度来看，如果有人认为松下电器有一些问题，或者公司内部有需要改善的地方，我们就要真心实意地去努力，将公司建设成为一个对社会有贡献的公司，一个优秀的公司。大家一定要有这样一种魄力和气概。没有这样的气魄，虽然大家好不容易才聚集在一起，但也只是乌合之众罢了。总之，是一点力量也没有。

所以，大家既然进了松下电器，就要和公司同舟共济。要认为"公司是我们自己的"，有了这样的气魄，大家就能踏实地工作，即便稍微遇到一些困难也不会叫苦不迭。

有些人稍有困难就会叫苦或发牢骚说"这真让人受不了"。虽说有时候确实有发牢骚的必要，但是也不能毫无缘由地发牢骚，那是懦夫的表现。拥有豁达的心态和信念的人，稍微遇到困难也不会叫苦。如果我们大家始终都能诚心诚意地去努力面对"怎么做才会更好"这个问题，那这世上就算有一些困难，也必会迎刃而解。

自问自答	你是否因工作艰难而叫苦，并且有意无意地发过牢骚？

磨炼

无论是国家、企业，还是家庭，物质越丰富，就越要对自己提出严格的要求。这点非常重要。如果生活很艰难，肚子饿也没饭吃，身体再疲惫也得鞭策着自己去劳动，即使是寒冷的冬天，早晨踩着冰也得去卖东西。是会有这样的情况的。

生活一旦富裕起来，就没必要受这个苦。想要的东西可以用钱买，不用强迫自己劳动也能吃饱饭。这样一来，你的身心自然就不会得到锻炼。精力充沛的身心就会松懈下来，变得难以忍受艰辛。

因此，生活越是富裕，从另一角度来说就越需要严格地磨炼自己。换句话说，贫穷的生活本身就是一种磨炼，父母即使没有严格的要求，只要照顾孩子，孩子就能很好地成长。生活富裕的话，就必须在精神上对自己提出严格的要求。一个人的状态肯定应该是这两者其中之一。

岂有此理

　　大家是如何思考人生价值的呢？我要讲这些话，是以大家都想要实现人生价值为前提的。如果大家都没有认识到人生价值的话，我想也就没有什么话可说了。

　　"我在这家公司里，做着这样的工作""为什么从事这个工作呢""说不清楚，没啥理由，因为其他工作做不了就从事这个工作了"。假使有人这么说的话，我会觉得真是岂有此理，太不像话啦！

　　我认为："你对你自己太不负责任了！对社会也太不负责任了！我们每个人对社会来说都是非常宝贵的存在。如果不让自己发挥更大的作用的话，那该如何是好呢？"我觉得这是我们每个人都可以说给对方听的话。

　　不论是年轻的朋友，还是年长的朋友，他们要是问我："你人生的意义是什么？"我想我会说："我的人生价值就是刚才讲的那些。"只要我们拥有自己的人生价值，即便有人说："你已经上了年纪啦，什么也不想，安安静静地过日子，那不是挺好的吗？"我想我一定会说："请等一等，您在说什么？我还很年轻呢！""但是您不都喜寿（77 岁）了吗？""所谓喜寿，那是社会上的一般标准，我还很年轻呢。还想做这个工作。在那里，我不仅能感受生活的意义，还充满青春活力。"如果我没有追求实现人生价值的精神，那就真的什么都没有了。

　　因此，我认为不管是从事什么工作的人，都要追求实现自己的人生价值，这是原则。要是有人说："我没什么想法和追求，只是在工作。"我就会觉得真是岂有此理，太不像话啦！

自问 自答	你是否忘记了"岂有此理"这种心情？ 这样的心情不仅对他人，也对自己……

自我修养

诸位在我们松下电器工作，必须秉持遵循以下宗旨：要努力做好本所的各种工作，还要注意努力提高个人的修养。

根据本所的需要，诸位也许会接到工作调动的命令，要求你在某个时候调到哪里去。在本所，不论是分店还是工厂，其指导精神都是相同的。诸位必须认真思考的是，自己做的所有工作都是服务于本所的，也是服务于不断提高诸位的自身修养。

最近，我听说调动的人中，有人有怨言，流露出了不满：觉得那里的工作实在是太辛苦了，不想去那里工作，或者是觉得那个工作不符合自己的性格，还有人觉得在那个主任手下工作感觉不到工作的价值等。这就说明你在考虑事情的时候，都是以自我为中心，是一种任性的表现，并没有认识到无论在什么岗位或者做什么业务都是属于松下电器的，也没有意识到提升自身修养这件事。

适才适所固然理想，但要找到真正适合自己的地方相当困难，我们必须积累各种经验。我们应该好好地想一想，其实不管你在什么人的指导下工作，你的修养都是由你的心态来决定的。有时正是因为你在一个性格和意见都与你不同的领导手下工作，反而能够更加磨炼自己。

自问 自答	你是否认为岗位变动及工作调动是一个提高自我修养的好机会？

体育运动员即使进行了非常激烈的训练和比赛，他们也会感到愉快，这种愉悦胜过身体的疲劳。我认为工作也是一样，如果我们真正投入的话，就不会感到非常疲劳。就算人们会有不同看法，这种因为"工作而感到劳累"的理由也还是不够充分的。

虽然这是一件很难理解的事情，但是我们对"工作反而有助于消除疲惫"这种境界多少有所体会的话，就会认为这种说法是正确的。

自问
自答　　迄今为止，你有过多少个工作使自己感到愉快的日子？

愉快地工作

最后是我对大家的期望。希望大家面对时势要有清醒的认识，意识到自己作为生产者的职责，希望大家能勇于践行，迈向成功。大家在践行的时候，要是感到非常痛苦，就毫无意义了。同样的人生，我希望大家能够满怀欣喜地发挥出自己的作用。我相信，工作要像听爵士乐或做运动那样，在轻松的气氛中进行，那才算理想。所以我认为完成工作不能有牺牲，应该快乐地工作，要充满希望，在一片欢喜中取得成果。

希望各位务必能像我这样思考。虽然放眼我们的生活，也许随处可见各种烦恼，但是希望大家努力愉快地观察，愉快地思考，这样一来，我们就能快乐地度过自己的人生。

总之，先要十分愉快地工作，还要取得成果以期增产。这样一来，今天日本所有的烦恼都会解决，既不会有失业的问题，物价也会回落，大家都能快乐地享受生活。希望大家务必把我的想法好好地放到心上，如果你认为"果真如此"，那我希望你能在自己的工作中更加勤奋努力。

自问自答	团队的成员工作的心情是否轻松，就像是在听爵士乐或进行某项运动？是否有人认为自己在被迫牺牲？

用心周到

　　我曾经因为工作上的事情给某个公司打过一个电话。接电话的人告诉我："社长现在正在远方出差，这两三天都回不来。"我心想那就没办法啦，正要挂电话，对方说："请等一下。如果您有急事，我就跟社长联系下吧!""方便联系吗?""方便，没关系的!""这样的话，那就请帮我转告，尽可能今天晚上，请他给我打个电话。"

　　结果，当晚长途电话就打了过来，事情很快就解决了，比我预想的要快得多。如果我打电话的时候，对方没有对我说"我给您联系下吧"，我想事情不可能处理得如此顺利。

　　这件事看似微不足道，好像并不是什么大不了的事情。但是，我认为这样的小事，必须一下子就能做到。我估计，在那个公司，社长每天都在不厌其烦地讲怎么接人待物，怎么处理电话这些事情。所以，值班的人才会如此用心周到，才能随机应变地处理事情吧! 在今天这个日新月异的时代，仅仅只是一天之差，有时也会造成无法挽回的损失。因此，像这种无微不至的工作态度，看似微不足道，却着实难能可贵。

　　这些小事，即使我们心里明白，到了实际行动的时候，依然会犯难。为了让这种行为，不论在何时、何种情况下都能自然而然地表现出来，最有效的办法就是平日里的训练和教导。那么，大家在职场上接受这样的教导和重复这种训练的程度如何呢?

> **自问自答**　胜负就取决于一分钟、一小时、一天这样短的时间。公司是否在培养能随机应变处理问题的人? 你自己工作的周到程度是否达到了无微不至?

心系工作

　　虽然被称为领导，但也不是一天二十四小时都必须工作。这样的话，人的身体先就吃不消。我觉得有的时候也可以休息一下，享受一下，休闲娱乐也是不可或缺的。去打打高尔夫，或者去泡泡温泉，都很不错。但是，身体可以这样休息放松，但心却不能休息放松，而要一直心系工作。

　　即便是泡在温泉里，如果你是政治家，心里就要思考政治问题；如果你是经营者，心里就要考虑经营问题。总之，我认为，无论你身在何处内心都要有所思考，这一点非常重要。

| 自问自答 | 人的身体需要休息，所以身体可以放松。然而，心绝对不能放松。 |

真情的流露

大家要买一件白衬衣，大多数时候，也会选一家自己喜欢且常去的商店。这固然没有什么特别的道理，但其行为背后却有着非常完美的依据。那就是，能让作为顾客的自己满意，这种感觉让自己萌生了对商店的喜爱。

因此，为了实现销售，我们就要思考怎样做才能使顾客感到开心，怎样的接待方式才能让顾客满意。考虑这些问题比什么都重要。为了在奇思妙想不多见的销售世界里展现出自己的特色，最基本的还是双方一定要抱有真心与诚意。言辞间自然流露的真情比什么销售策略都重要。

自问自答	销售或者说贩卖商品并无奇思妙想，最终结果取决于真心诚意。这一点，自己站在顾客的立场上就会明白。

内心的富有

　　每当有事情发生，我的脑海里都会浮现出下面这个故事。虽然那是我五十多年前听到的，因为感触极深，所以我到现在都记得非常清楚。要说五十年前，还没有汽车，大阪站前面，停的都是一排排的人力车。

　　有一天，来了一个人，跟车夫说着"请拉我去××船厂"，就坐上了车。据说车夫是个二十四五岁的年轻人，他立即抬起车把跑起来了，一直跑到目的地。到了客人要下车的时候，原本是十五钱的车费，客人给了他二十钱，之后就急着要走。"请等一下，我现在给您找钱。"车夫说着，一把抓住了客人的衣角。于是客人说："不用啦，这是给你的小费，你就收着吧！"怎么也不肯收下找给他的零钱。就这样两人你一言我一语争论了起来，不一会儿，那个车夫突然态度肃然并斩钉截铁地说："不，我不要。请把这个零钱拿回去。"可能是迫于车夫这种态度，客人走的时候拿走了找给他的五钱。后来，听说那个车夫取得了很大的成功。

　　听到这个故事的时候，我受到了强烈的震撼。我认为这个车夫很了不起。在这许多车夫中，拿到五钱小费而感到高兴的应该大有人在。这个车夫，认准了十五钱的车费就不会收二十钱，否则就不能原谅自己。我从中感受到了这个车夫内心的富足，或者说气概。

自问 自答	知道自己工作的正当回报，并能以此为傲，这就是成功的秘诀。所以回报既不能过高，也不能过低。

产业人精神

过去的人，都以成为武士为荣。然而只是力量强大并不是武士，武士必须是最杰出的人，既要做学问，又要通人情，在道义上必须大举善行，还要能顽强地战斗。我认为只有兼备了这些条件的武士，才能说拥有了所谓的武士道精神。而这也是武士道精神备受尊崇的原因。

武士因为强于武力，就强人所难，这并不是什么武士道。我们的先祖或过去的人们，即使是商人或手艺人也都对武士道精神有所了解并且心怀敬意。偶尔有武士做了不好的事情，他就会受到大家的谴责并被认为是害群之马。如果没有优秀的品质，就不能称之为武士。我认为过去的武士道精神就是这样的。

因此，取代这种武士道精神的产业人精神究竟是怎样的呢？我认为，虽然两者内容有些不同，但如果产业人不具备和武士道精神同样优秀的品质的话，就不能称之为产业人。只是站在个人立场来工作的人，我认为不能叫作产业人。产业人要清楚地认识到产业的使命，认识到它的高贵，并且依靠产业的兴隆来助力社会的发展，使人们的幸福生活得到保障，使国家得到发展，进一步来说，要将个人发展和世界的繁荣与和平联系在一起。我们自己就是产业人中的一员。如果没有这样的意识，将很难培养出真正的产业人。

自问自答	要将自己的工作和周围的人、业界、社会、国家，进一步来说，要和世界联系起来思考。只要有了这样的意识，就能开辟出通往成功的道路。

领悟

即便是听了一个完全相同的故事，有的人会认为"这真是个好故事"并为之感动，而有的人却会认为"这很无聊"。原因在于，故事的好与坏并不取决于内容，而是取决于听者的态度。也可以说听者一方负有大部分的责任。因为听到风声就能开悟的人也是有的……

| 自问自答 | 要彻底做好工作，并磨炼自己的领悟力，从而获得"开悟"的体验。 |

5 月

把工作做到极致

如痴如醉般热爱

对于在公司工作的人来说，最幸福的事情，就是能对自己的工作充满兴趣。享受闲暇或是拥有自己的爱好，毫无疑问这些都很重要，但是我觉得如果每天的工作没有什么乐趣和意义的话，就无法获得真正的快乐。

因此，我们每个人都必须努力去追求，要拥有对工作充满兴趣和积极投入的姿态。比如，有人想换一下公司安排的工作，上司却说："这份工作一定会对你有好处，你至少先干一年看看吧。"这个时候，我们就要好好地想一想，公司也是有所考虑才给自己安排这项工作的，所以我们要好好考虑，体谅这样的安排，一定要想明白并欣然接受，然后坚持一年。这是非常重要的。

要在接受这项工作的基础上，想方设法让自己产生兴趣。虽然还是会出现工作和自己的个性不符的情况，但是多数情况下，通过不断的努力，我们会对工作产生兴趣的。

虽然我认为很多人平时都是抱着这样的想法在工作。即便如此，有的时候，我们也需要重新审视："自己到底在多大程度上进行着这样的努力？"我希望我们大家最终都能够达到那种如梦随行般热爱自己工作的心境。

自问 自答	自己是否从内心深爱着这份工作？ 自己是否被工作热爱着？今天的睡梦中，是否会出现工作？

充实感

我二十二岁时独立，虽然力量薄弱，但还是创建了一家规模很小的企业，从事电器制造。在事业开始的时候，总是忘我地工作，我每天都会充满真诚并竭尽全力。直到今天我还清楚地记得，有一个夏天的夜晚，我很晚才完成工作。回到家之后，我就往水盆里倒入热水开始洗澡，这个时候我体会到一种无比的充实感，暗暗在心里夸奖自己："好样的，今天干得不错！"

在公司发展壮大之后，我开始认识到，企业应该为丰富人们的物质文化生活，为社会的发展进步做出应有的贡献。我将其命名为企业的使命。在和员工一起努力完成这个使命的过程中，我感受到了自己的人生价值。

我并没有始终如一的人生目标，而是在不同的时期有着不同的人生追求和价值观。我认为这也没有什么不好。

世界上，也有一些人终其一生只专注于一个人生目标，可以说很多的哲学家和艺术家都是这样。我觉得这种精神固然令人钦佩，但也不是所有人都必须这样。也可以在不同的人生阶段寻找不同的人生目标，一个目标实现之后，再去努力实现下一个目标。我认为这也是很有意义的。

自问自答 你是在自我夸奖吗？你的努力是否会让你忍不住想自我表扬？今天竭尽全力了吗，明天还会吗？

虽然说很难保证进入公司之后的你，将来一定会身居要职，但至少能帮助你掌握当一个部长的秘诀，这的确是可以实现的。要说这个秘诀是什么，这就要从你第一天去公司，回家后如何向家人讲述你的工作说起。

第一天上班，一般都会有迎新仪式以及部长和干部的训话，还会有关于公司情况及工作内容的说明。听了这些，回到家中，父母大多都会问你："感觉公司怎么样啊？"这个时候，如何回答极为重要。如果你说，"公司不怎么样"，父母就会非常担心。就算你说"还不太了解"，父母还是会担忧。如果你能充满自信地汇报说："虽然具体情况还不怎么清楚，但从今天总经理和领导们说的话来看，我觉得这是家好公司。工作应该挺让人满意的。所以我想就在这家公司好好地干。"这样的话，父母就会感到放心，也会高兴地对你说："那就好，好好干吧！"你能否向家人如此汇报呢？这是你通往成功的第一道关卡。

这看似无足轻重，但是不这么说的人，我认为他很难成功。绝对不要认为"这样的事情就算不说，父母也懂"。就算你觉得自己进了一个无聊的公司，但只要跟你的想象差距不大，那么无论如何，你先要从内心将"这下我放心了。我要好好干"的心情用语言表达出来，还要在第一时间告诉父母。我认为一切的成功都源于这样的态度。

自问自答	开始是关键。第一天、初次出勤、第一声、明天和客户的新企划发表会……

够格的薪水

这已经是很久之前的事情了，有一天，我上街看了一次杂耍。表演的节目中有中国的杂技。只见，表演者先让一名年轻美貌的女子站在墙前，然后就将短剑嗖的一下投向这名女子。我第一次看到这种表演，着实吓了一跳，感觉心一下子就紧绷了起来。之后见那飞出的短剑擦着这名女子的身体，一下子就扎进了墙里，紧接着第二把剑又飞了过去，也是差点就扎到她的身体。还没等我好好地喘口气，二十多把剑一把接一把地在空中闪着亮光嗖嗖嗖地就这么飞了过去。我岂止是手心里捏了一把汗，心也紧张得揪成了一团。终于所有的剑都投完了，你再看，二十多把剑在墙上精妙地扎出了一个鲜明的人体轮廓。这时，大家才回过神来，一起拍手喝彩。

我觉得，用现在的话来说"这才是专业人士啊"。看的人很害怕，表演者稍有失手就会闹出人命。并不只是投这一次，而是日复一日，或许持续一辈子也不会有一次失败，这实在是了不起。对方如果是稻草人，失败或许还有退路，但是那样的话就不会有观众来看。或者说，假设表演者只是个业余人士，那么以真人为对象来表演的话稍有差池就会让人丧命。或许正是有了这种惊险性，观众才会花钱来看。而能做到不失手的只有专业人士。

换而言之，我觉得："我们的工作也是一样。如果我们要以这份工作来维持生计，也必须做到专业水准才可以。"实际上，工薪阶层的工作也是处于如此严峻的境地，只有完成了这些事情，才有资格拿这份薪水。

自问自答	如果你是总经理，你会支付给现在做职员的自己多少薪水？

　　自我领悟，需要一个场所或者像道场一样的地方。比如，你想自学游泳或者滑雪的话，如果没有能游泳的大海、河流或游泳池，也没有能滑雪的滑雪场，不论你再怎么想掌握这项技能也都难以做到。

　　工作也是一样的，如果想要自己摸索着掌握，必须先寻找一个场所。值得庆幸的是，我们已经拥有了这样一个场所，就是我们的职场，自己所在的公司。换句话说，我们并不需要刻意寻找，就已经拥有了这个为我们准备好的道场，这是非常难得的事情。接下来就看我们是否愿意在这个道场开展工作和提升自我。

　　一般来说，要去道场，支付学习费用是必不可少的。但是在这个叫作公司的道场，不但不收学费还会支付给你薪水，哪里会有这么好的事情呢？有的时候，我甚至会想，只要能让我在这个道场学习和成长，有没有薪水无关紧要，即使付费我也乐意。

　　当然，没有必要这样做。只要我们内心有这种想法，行动自然就会发生变化。在乐意付费学习的情况下，自己反而拿到了薪水，如果我们能有这样的认识，那么当我们投入工作的时候，自然就会变得谦虚，还会产生强大的力量。最终，你会努力锻炼自己，让自己获得的薪水等同于在道场上课的老师的报酬。

自问自答	公司就是道场。"已经不用支付学费了"，你现在是否已经达到了这种境界？

达人

举一个极为浅显的例子，我们学习用笔写字，作为初学者，即便用尽心思，花费很长时间，也很难写出好看的字。如果成了书法达人，瞬间就能在白纸上写出令人赞叹不已的毛笔字。这里存在着巨大的功力上的差异。

在工作中，进行各种产品的设计、生产和销售的时候，也是一样。要想瞬间就能设计和制造出优秀的产品，只有当你成为这方面的达人才能做到。当然也会有"做是能做，但要为此花费十天、二十天"的情况，这绝对不是值得夸赞的事情。我认为，这是还不够成熟的表现。

自问自答　希望你每个瞬间都能有想法浮现。希望你能以达到高手的境界为奋斗目标，能将自己的想法落地。

善于倾听

在大家今后即将开始的工作中，善于倾听非常重要。当然，善于表达也是非常重要的。"相比善于表达，善于倾听更了不起"，这是古人的教诲。静心细想的话，我也觉得确实如此。如果我们能够心怀诚意认真倾听大家各种各样的话语，并能时不时地附和："原来如此，是这样啊！"这样一来，说话的人就觉得自己说的话有意义又有趣，就会更加积极地投入到话题中去。其中就会冒出很多好故事。善于倾听对于捕捉这些好的故事具有非常积极的作用。

当然，擅长表达也非常重要。擅长表达是将自己拥有的东西给予对方，如果不考虑要从对方那里获取什么的话，能做到擅长表达也相当不错。还是要对"善于倾听对于处事来说更为重要"这句古人的教诲，好好地加以体会。我认为这很有必要。

自问 自答	只说不听，谈话就会枯竭；且说且听，从中抓住机会。 不能让谈话枯竭，要想办法让谈话内容丰富起来。

重要的汇报

如果大家有极为紧急而重要的事项要向直属上司汇报，比如，要向课长汇报，但是课长正在打电话，或者不在自己座位上。这时，碰巧部长进来了，事业部部长也进来了，这个时候，希望大家不要犹豫，直接向部长或事业部部长汇报。这样办事，工作效率会更高，事情的推进也会更加顺利。当然，之后必须向课长做汇报。当课长打完电话，或者回到了座位上，你要告诉他："因为我认为这是紧急的情况，所以就先向部长和事业部部长做了汇报。"你必须切实执行好这个汇报。我认为接受汇报的课长表现出"你做得很好！谢谢"这样的态度非常重要。这时，课长认为有些地方需要进行修正的话，你马上再去修正就可以了。

今天，各行各业的竞争都非常激烈。在这样的时代，对于重要的事情就要争分夺秒地汇报。在这种特殊情况下，如果大家还要讲究"无论如何事情都必须先向直属上司汇报"，或者"如果不通过正规流程来处理的话就会受到责备"，我们就可能在竞争中败下阵来。

因此，在这里我对大家最大的期望就是：凡是你认为重要的事情都要尽快汇报给上级。

自问自答	要把目的放在第一位！方法在事后可以补救。

说话的方式

人有各种类型。有人急躁，有人耐心，有人细致，有人粗犷，有人是理性的，也有人很感性。像这样，大家都各不相同，拥有各自的特点。不仅如此，即便是同一个人，他的心也在时刻变动，呈现出千变万化的样子。所以，即使是对同一件事情，也会有人反感排斥，有人欣喜吧。即使是同一个人，也会因为其当时心态的不同，理解方式也会随之发生变化。

因此，我认为，如果想要传递自己的想法，就要非常了解对方是个怎样的人，现在处于怎样的心理状态。在此基础上，设法采用对方最容易接受的表达方式，要么简洁明了，要么酌字斟句、耐心认真地表达，这样做很有必要。这么一说，我好像听到有人在说："这么麻烦的事情能做到吗？"这的确很难，当我们想向一个人传达自己的想法时，就需要养成经常思考"我该如何表达"这个习惯。而我认为，由此也会产生所谓"1+1=3 甚至是 4"这样的妙趣。

释迦牟尼曾经说过，"要对不同根性的人说不同的法"。只要所谓的"人"没有改变，这话语依然贯穿着真理。

如果你有过类似"那个人不理解我"或者"好不容易提出了一个好方案，上司却不理解"这样的想法，不妨摆脱束缚平静地思考一下，自己是否采用了因人而异的表达方法。对此进行反思也是非常重要的。

自问自答	明天该如何向那个人提出自己现在的这个想法？ 能否像释迦牟尼那样做到"因人说法"？

抱怨和不满

　　自从进入了这家公司，就没有什么办法了。虽然不知道这究竟是善缘还是恶缘，总归是因为有缘才被连接在了一起，请不要到别处去抱怨，请在公司说出你的不满。当你去了别处，希望你告诉别人"松下电器是个好地方"。如果你有感到不满意的地方，希望你能在自己公司说出来。你只要能考虑到这一点，那就不会有问题，不会出错。

　　大家只要知道一件事，就是出色的员工或优秀的社会人，不会在别处抱怨，而是在公司内部说，向总经理说。到了别的地方，请告诉大家："我的公司是一个向前发展的公司，虽然可能也有一些不太好的地方，但是大家都说要努力做些有益于社会的工作，我们一定会不遗余力地工作。"

自问
自答　　抱怨和不满要在公司内部说！要向社长说！

琐碎和平凡的小事

一般来说，我们都是接受命令，遵照命令好好行事。事情做到这个程度，大家都做得不错。关键在于是否能够做到向下达命令的人如实汇报事情的结果。

有人认为自己按照命令执行任务，所以只要遵照吩咐顺利完成，就足够了。但也有人认为，为了让下达命令的人放心，即便是遵命行事，也必须认真如实地汇报结果。没有用心和稍有用心的两种做法，就会使我们对两者的信赖感产生巨大差距。

在工作中，智慧很重要，才能也很重要。对于那些人们认为琐碎的事、平凡的事，我们也要留心注意，绝对不能忽视。一个人可以完成非常复杂艰难的工作，却做不了平凡琐碎的事情的话，就不算是真正具备开展工作的态度。

这些琐碎或平凡的事经过日积月累，再加上自己的智慧和经验，我们才能够获得令人感到安全的信赖感。如此一来，就算赛河原的碎石会崩塌，工作的基石也不会坍塌。

| 自问自答 | 让人产生信赖感的东西会是什么？
自己是否忽视了琐碎或平凡的事？ |

热忱的吸引力

我们要完成一项工作或是去做其他事情，都需要具备很多重要的品质，而其中最重要的就是满怀诚意的热忱。知识和才能毋庸置疑也很重要，但并不是没有这些，我们就无法完成工作。就算是知识匮乏、能力欠缺，如果我们充满了热忱，心里想着"我要想方设法完成这项工作，不管怎样都要完成这项工作"，那么必然就能取得不错的成绩。即使这个人无法直接完成这项工作，他这种诚心诚意的热情也会转化为无形的力量，将周围的人自然地吸引过来。我认为，这就像是看不见的磁石会自然地吸引铁一样，真诚的热忱会吸引来意想不到的援助。有些人就是在众人的帮助之下，取得了事业的成功。

自问 自答	热情可以将人吸引到自己身边，还能吸引来一些意想不到事物。

生动的教科书

大家都是从学校步入社会，再进入职场。直到昨天，你们都还在各自的学校里接受着适合自己天性的教育和指导。现实社会的职场不会像学校那样凡事都有人手把手地来教你。虽然教育的方式有所不同，但实际上做的事情是一样的。也就是说，在公司，需要你用心观察前辈们是如何工作的，然后按照他们的方式来就可以了。换句话说，前辈的言行就是生动的教科书。如何解读这本教科书，又如何去活用它，这就取决于每个人的态度了。

当我独立开始做生意的时候，员工非常少。因为工厂很小，每次我打电话，店员就在旁边听着。对于年轻的店员来说，我打电话的样子总是出现在他们脑海里面，所以他们打电话的时候，无意中也会采用同样的方式。这样一来，渐渐地，我们公司店员打电话的方式就形成了一个统一的模式。于是就有社会上的人评价我们说："与那个店的店员电话沟通很顺畅，他们服务很周到。"这并不是我对他们进行了刻意的教导，他们在没有人刻意教的情况下也学会了。我认为这和学校的教育是同一个道理。职场的前辈们在工作，你作为助手帮忙的时候，就会观察到他们的工作方法，不知不觉中就能掌握工作的要领。

自问自答	您是否已经成了一本行走的教科书？
	您是否意识到自己的言行成了公司的文化？
	您是否意识到新员工正在某个地方对自己留心地观察？

掌握要领

就算是对扫除中的擦拭的工作，我们也要知道应该如何更好地开展。并不只是拧好了抹布，然后去擦就可以了。抹布的拧法就是个问题，抹布该怎么拧才好呢？到底是拧得湿漉漉的就去擦好呢，还是拧干之后去擦好呢？自然就需要思考一下。我认为，不同情况下，抹布的湿度和拧法也会不同。根据具体情况来确定抹布的湿度和拧法来清洁的话，效率就会比较高，能适度去除物品的灰尘还不会伤到它。我在很小的时候，就在实践中掌握了这个扫除的要领。

因为是大扫除，所以有人可能会认为这事情很简单。其实不然，就是擦拭这个活儿，如果认真追究的话，抹布的拧法就是一个非常关键的问题。它决定了我们最终能否做好大扫除。如果换成了更加复杂的工作，除了如何拧抹布，我想一定还会有更难的技巧。为了让这些科学原理或者说这些最基本的知识能够发挥作用，就必须掌握工作的要领或者窍门儿。

掌握一项工作的要领，绝对不会是轻轻松松的，必须倾注相当多的心血和精力。这是一个吃苦的事情。如果在你青少年时代，长辈们就经常告诉你"即使再辛苦，你也要努力去做，否则就无法出人头地"的话，你就不会感到这是痛苦。它会变成你的希望。你就能倾注自己全部的精力去掌握工作的要领。

自问自答	你是否能做好大扫除？你是否掌握了其中的要领？

坚定信仰

米仓先生在我去东京的时候，每每都会亲自给我理发。他总是一边手脚麻利地给我剪着头发，一边和我交谈。我从中学到不少东西。有一次，他跟我说了这样一件事：

> 前段时间，我给理容工会的人发了包裹布。那上面印上了"业即信仰"这个词。我这么做，是因为我认为对自己的工作或职业怀有信仰是非常重要的，否则幸福就不会降临。我想把自己的这种心情放在这句话中，传达给大家。
>
> 我已经快七十岁了，每天还能出入工作的地方，还能给大家理发，真的是感激不尽。我每天都会在心里合掌叩拜。我心里充满感谢，客人们也会高兴。就是松下先生您，每次来东京的时候也总是会顺便来我们店，不是吗？我觉得真是没有比对自己的工作充满信仰更让人感激的事了。所以我在发给大家的包裹布上写了"业即信仰"这句话。

我大概听到的就是这些，颇有感触，深受教育。听米仓先生这么一说，你会觉得原来如此，完全正确。所谓坚定信仰就是专心致志地埋头工作。因为来的客人都是神，是佛，所以自然而然就会以双手合十、顶礼叩拜的心境来好好接待。如此一来，大家都会感受到莫大的欢喜吧。也不会有客人受到如此珍视还会生气的。因此，生意最终会繁盛不已。"原来如此，原来路就在自己身边啊！"我再次怀有这样的感受。

自问自答	希望你能够体味"自然而然想要叩拜"的心境。此时你所感受到的喜悦，总有一天会和实际利益联系在一起。

细致而迅速

　　我在米仓先生的店里，也碰到过这么一件事。有一次，店员说："做生意这个事情，还是服务最重要。所以今天，我要给您特别用心地剪头发。"他剪得确实很仔细。结束之后我一看表，这次花了一个小时零十分钟。平时的话，大约是一个小时。

　　于是，我说："你为我服务得非常尽心，我非常感激。但是，如果说更周到的服务，要多花十分钟的话，是不是就不是真正的服务了呢？如果能细致入微，还只用了五十分钟的话，我一定会觉得你的服务非常出色。"

　　我认为，在这个崇尚速度的时代，工作做得细致并不意味着要花更多的时间，只有在用心和速度上下功夫，才能说是真正的服务。我就是这么想的，所以才说了那样的话。此后不久，我再次遇到这个店员的时候，他动作利落漂亮，只用了五十分钟就出色地完成了理发。

自问 自答	要更快！更用心！ 你是否能够提供真正的服务？

我们从事的经营活动，如果从医学的角度来看的话，它相当于临床医学而不是基础医学。我认为凡是从事经营活动的人，都必须是积累了丰富实战经验的临床专家。

假如制定销售计划的人并没有销售经验，只是凭借知识或能力制定出所谓的"桌上计划"，那么这个计划就不会有效地发挥作用，很多时候遭遇失败也就在所难免。同样，让一个并没有实际生产经验的技术人员去从事开发设计工作，他是否真的能设计出好的产品呢？我认为是不可能的。

既然要从事临床工作，就必须有实战经验，否则就难以独当一面。假使，一个人能用两年或三年的时间去经销商或批发商那里帮忙，踏踏实实地成为那里的店员，从拿抹布擦桌子开始认真学起，一点一滴地充实自己，不断积累知识和技术，经过这样的锻炼之后再从事经营工作的话，又会是怎样一种情景呢？我认为，由于他非常了解销售一线的实际情况，他制定出的计划，也基本上会符合实际情况，不会出现问题。

当然，怎样才能帮助大家了解和体验实际工作，每家企业都会有不同的做法，希望大家不要忘记我们所从事的是具有临床性质的工作。

自问自答	实战经验会使桌上的计划变成可行的方案。

工作和人格

你说你现在的上司虽然很能干，但是因为他的人格有很多缺点，所以希望换个更优秀的人。你说的我也明白，但一个人的人格再怎么高尚，做事再怎么认真，也未必就能干好工作。工作和人格到底是不同的。

每个人都会有缺点。我们必须看到这个上司也有很多优秀的地方。如果你只关注到了他的缺点，就看不见他的优点了。

自问自答	"工作能力"和"人格高尚"是不同的。 每个人都会有缺点。自己的不足是不是也有很多？ 是否应该多关注别人的优点而非缺点？

我们小的时候，父母常常会教导我们，商人就是"吃小亏占大便宜"。这种说法虽然有点老套，但是它告诉我们要懂得吃小亏占大便宜，商人不舍得吃亏就无法成功。我想这不仅适用于做生意，也适用于人类的社会生活。实际上，这句俗语和"提供服务之后才会受到认可"是一个道理。

结果是否会令人满意，取决于我们提供的服务是否恰当。提供令人满意的服务，不仅关系到松下赢得顾客的大力支持，也关系到松下未来的发展和繁荣。

松下电器全体员工，绝对不能缺少服务精神。要服务朋友，服务公司，服务顾客，还要服务社会。可以说，所有的一切都是从提供优质的服务开始的。

自问自答	与未来的繁荣相关联的是通过提供服务取得的成果，还是没有提供服务获取的成果？

销售

　　单口相声演员嘴里的故事，听起来都非常有趣。如果自己读剧本的话，就完全失去了听相声时感受到的趣味。我想从事销售工作也是一样的吧。不管给了你多么出色的剧情，能否将其饶有趣味地传递给对方，这取决于销售人员是否进行了相应的自我训练。如果能满怀兴趣地细致研究故事情节中一些细微之处的表达方法的话，必定就会成功取得业绩。

　　我认为销售的根本在于诚心诚意。捧着真诚的心做事，才会获得顾客的认可。如果没有诚心诚意，无论情节多么精彩，都会变成没有结果的花朵。

自问自答	不论多么优质的商品，如果不能发挥销售的优势，就无法获得实际的成果。

新员工

公司迎来新员工，不论是在各部门还是各个工作场所，都会随之产生新的气象。老员工也会再次回忆起自己的初心，可能就此重新振作。所以说这个时期也是公司实现飞跃的一个难得的机会。

在看到这些积极因素的同时，我们不能忘记，新员工的加入也会带来负面的影响。不论新员工具有多么优秀的素质，也只是刚刚从学校毕业进入公司，完全没有工作经验。一开始必须依靠公司前辈们的教导。要在工作现场接受手把手的指导，新员工才能逐渐胜任工作。

这期间，只是指导新员工就要花费老员工很多心血。那么他们的工作效率必然会相应降低。这样想来，完全没有工作经验的新员工的加入，会导致老员工工作效率的降低，从整体来看，相当于每个人的平均劳动能力都在降低。

虽然新员工最终都会成长，能够自主地开展工作，会变成一股强大的力量发挥出积极的作用，但是在此之前，公司整体的平均实力是下降的。我们事先要有一个清晰的认识。这点非常重要。

自问
自答　你是否已经充分认识到公司会有亏损的时期？

客户的需求

一般来说，做生意重要的就是要充分斟酌自己手头的商品，带着自信去销售。我们还要注意，不能只是斟酌商品，也要站在买方的立场，即站在对方采购员的立场上审视商品。这也很重要。

采购员的工作就是根据需要购入货物。他们需要斟酌商品的质量、价格、数量和购买时机等一系列问题，还要尽可能在保障公司和商店利益的前提下购买货物。这是他们的职责。

如果你把自己当作采购员，你就会考虑客户现在到底需要哪种级别的商品，数量是多少。这样，你才能有针对性地选择商品，并将其推荐给客户。比如，有一位主妇，要买晚上的小菜。当她在生鲜店门口挑选的时候，生鲜店老板如果能了解她的想法，就会对她说："太太，您看这个怎么样？这鱼正新鲜，价钱也合适，您丈夫一定会吃得很开心的！"像这样，如果根据对方的喜好，挑选合适的商品推荐给她的话，对方马上就能做出决定。如此一来，不仅这位夫人购物的心情会非常愉快，这个店的生意也会兴隆起来。这并不仅限于生鲜店，其他的店铺也都适用。

自问自答	了解客户的需求，给出恰如其分的推荐。这就是生意兴隆的秘诀。

我的女儿，我的亲家

我们每天经营的商品，就像是自己长期亲自照料的女儿一样。客户买我们的商品就和我们嫁自己的女儿一样。这个客户和我们就成了亲家，成了我们可爱的女儿的归属。

这么一想，我们自然而然地就会牵挂这个客户的情况，还有他收到的商品的情况，不是这样吗？你会不由自主地想："那个产品到底用得怎么样？没有出什么故障吧？"甚至会亲自上门询问："正好路过您这里，我想顺便看看那个商品的使用情况。"那种心情就跟去女儿家看看她到底过得如何一样。

如果我们每天能用这样的想法经营生意的话，我们和客户之间的关系就会超越单纯的生意伙伴，两者间会产生更加深厚的信赖关系。客户也会感到欢喜，这也直接决定我们店铺的繁荣兴旺。

希望大家能再次重新思考一下，我们在平日的销售活动中，是否将商品当成自己的女儿，把客户当作自己的亲家，看成自己人，是否以这样的心情销售商品和经营企业？

自问自答	你对商品怀有多少爱意，多少眷恋？

那是五十年前，我刚开始做生意，第一次要做广告的时候。我们设计了一个松下灯管的方案，要投入市场，第一步就是宣传。当时资金非常短缺，也没有什么实力，要在报纸上刊登广告，也非寻常之事。但是下定决心，就打出了三行广告语。就是现在还在用的这三行广告语，过去的这三行广告语要比如今这个广告大一倍。过去就只写上"买得安心，用得实惠，松下电器（国民电器）"。在制作这广告的时候，虽说就这三行广告语，却要花费一大笔钱，所以我们花了很长时间进行了充分的探讨。"买得安心，用得实惠，松下电器"虽然这句广告只有这几个文字，我们却花了三天的时间制定方案。为什么花了三天呢？那是因为我们想要想得深入透彻，包括字的大小、字间距，以及从各角度观察文字的感觉等。就是在我睡觉的空当，我也会把写好的字放在报纸上观察。每看一次我的感觉都会有所改变，一会儿觉得"这个字间距稍微再大点更好"，一会儿又觉得"这个字体再粗点就好了"，等等，没完没了。我心里想，这样可不行，就此罢休吧。就这样，最终还是花了三天的时间。

自问 自答	你没有忘记那些让你废寝忘食的执念吧？ 哪怕是对待一个复印件也是如此， 你要去想：真的这样就可以了吗，还能不能再做点什么？

围着新产品转

只要是出了新产品那就要围着它转，这点非常重要。

"今天拿出来的是我们的最新产品。您卖到哪里了？""卖到大阪的某某商店了。""那么，我去趟那个店看看吧。"

"您买了那个产品吗？""买了，但是还没有卖。只是放在店里。""啊，是吗？那就店里的情况来看的话，您觉得怎么样？""就目前放这里的情况来看，我觉得还不错。""那就好。请您努力销售下吧。"

三天之后。"结果如何？""昨天卖是卖了。还没问具体情况。""您卖到哪里了？""卖给这里了。""那，我去那里看看。"

说着就到了那里，你要尝试去询问："昨天，您在某某商店买的那个电热器，您用了以后觉得怎么样？""那个啊，用是用了，但是热度有点高。总觉得不太好用。"

如果是这种情况的话，你就要教给他们使用方法。"不，这个这么用的话就可以了。"要是人家说："哦，那还真不错。"这样的话你就可以安心了。如果去批发商的店铺看的话，要是他们说这个非常好，你大概就会知道他们从卖相上是赞成的。你再去他们的买家看看，要是他们说："只用了一天，不过印象还不错。"那么暂且认为还不错。

就这样一直跟着转下去的话，如果有不良产品你立即就会知道，买方也很满意。这样就不会发生重复的失败的事。实际上，几乎没有人会这么做，连打电话问一下的都没有。我认为，这就证明你对别人对你用心制造的东西的使用感受不感兴趣。

| 自问自答 | 要进一步关注顾客的消费趋势。你是不是只依赖 POS 数据？你是否疏忽了与顾客的直接沟通？ |

商品会说话

公司开发新商品的时候，试用品一做好，我都会尽量先拿到手实际使用一下看看。不论是电热被炉，还是收音机、电视机，我都会先凝视一段时间，然后一边用手抚摸摆弄，将其各项功能都试用一下。这样，那些不会说话的被炉、电视就会开始跟我讲话。我觉得好像真的能听到这些声音，"这个角能不能稍微削一下，弄得圆一点儿"或是"我希望开关再大一点"。

我还记得有过这样一件事情。有一次我去干电池工厂，碰巧我们制造的产品出现了问题，我跟负责人和相关人员一起开始排查原因。我也带了几个这样的干电池回家。吃完晚饭后，我在桌子上把它们排成一列，一边反复思考，一边检查干电池上装着的豆球的亮度。实在想不出原因，我就凝视。这样反反复复了好多次。突然，我觉得干电池好像在对我说："试着给我加热看看？"我立刻就烧了一锅开水，试着把电池放了进去。结果，亮度变成了正常状态。我就知道了原因。于是，第二天就迅速讨论对策。那个负责人曾半开玩笑地说过："只要是跟干电池对峙一段时间，干电池就会跑过来跟你说话。如果你也是干电池制造专家，就应该能听懂那些干电池的声音。"

本不会说话的商品却会告诉我点什么，这到底是怎么回事呢？我自己也不太清楚。我想，能不能听到这样的声音，还是要看自己究竟有多认真吧。

自问自答	人与人觉察力的差异究竟是在哪里？ 与直觉敏锐的人相比，你差在哪里？

反复训练

　　有一个制造熨斗的公司，要求在三种不同条件下设计三个新型熨斗，还要求把员工分成三个设计小组来进行比赛。比赛以三天为限，三天之内各个小组都必须完成设计。最后将这些设计收集起来并研究探讨，看看哪个组的设计最好、最适合。能经常进行这样的训练，就算万一出现特殊需求，也只需三天就可以拿出非常出色的设计方案。

　　像这种要求迅速创造出好产品的训练，能经常进行的话，就算面对突如其来的情况，我们也能马上设计出好的方案。而且，同一个订单，别人可能需要一周，我们只要三天就能完成。能够提前两天完成任务，订货者也会感到高兴和满意。虽说你制造的产品质量非常过关，但要在一个月以后才能完成的话，订单就会旁落了。所以，我认为经常进行这类训练是非常重要的。

自问自答	公司服务于创造速度的组织体制和教育训练体制是否健全？

发现不良品

如果我们能时常意识到自己工作的重要性，并毫不松懈，细心工作的话，就能事先发现大多数不良产品。并且，一旦制造出了不良产品，我们也能及时发现。我认为出现将有问题的产品卖给客户后才知道是不良产品的情况，以及产品被退回后闲置，而不去讨论产品本身的问题，只是盲目地认为是使用方法不当，就责任问题争论不休的情况，简直是岂有此理，荒谬至极。

我们偶尔有疏忽，有漏洞，所以只要听到客户说："总觉得那个地方，好像有种响声似的。"我们就要立即跑过去告诉客户："好的，我明白了。我立即给您换一个吧。"还要做到马上就能知道："哦，原来是这儿坏啦！这是当时一不小心造成的。"总之，我们要立即就能知道这类情况的问题所在，我们的工作必须达到这个程度才可以。

不能认真对待被退回的产品，只是说着"做个实验看看吧""好像没什么大不了的"来消磨时间的人，真是让人无言以对，岂有此理！

自问自答	你是否能够真正做到能随时发现不良品的问题？

合理的杂音

进入工厂的作业现场，你能不能正确判断不经意听到的响声或杂音是不是合理的？如果你都判断不出它是合理的干脆利落的声音，还是制造出了不良产品的声音，我认为，那就不能说自己很了不起。

自问自答	你能判断出它是合理的杂音还是异常的杂音吗？ 你是否能敏锐地感觉到工作现场的不协调？

最后一击

在过去，最后一击，有着非常严格的规则和礼法。因此，武士们都会以在最后关键时刻有所放松、疏忽最后一击而没能遵循礼法为最大的耻辱。

明确抓住事物的本质，遇到事情要明察秋毫，认真妥善地处理，这被认为是昔日武士们最为重要的素养。武士在童年时都会受到非常严格的训练，包括日常的饮食起居、寒暄问候，甚至细致到使用筷子的动作。而正是在这种严格的教育和训练下，武士才逐渐具备了这种难能可贵的素养。

用这样的标准来回顾一下我们的工作，不难发现我们处理问题马虎、暧昧，缺少搏命一击的工作态度。问题实在是太多了！

历经艰难才取得了 99% 的成果，如果没有最后 1% 的关键一击，那就等于返回到了初始的起点。只能空留遗憾，追悔莫及："要是我再稍微用点心的话，就好了！假使我略微周到一点的话就好了！"

希望我们都能具备昔日武士这种严格、规范的品行，以缺少搏命一击的工作态度为最大的耻辱。

自问 做到无悔地工作，拥有无悔的人生。
自答 直到工作的最后一刻，都要仔细认真，用心周到。

辩解无用

我经常会在公司里说："一个公司经营得好坏，是社长一个人的责任。"同样，我也常常说，一个部门的责任在于部长，而一个课室的责任则在于课长。比如，一个课室的业绩无法提高，这一定会有各种原因。但一些负责人总是把员工的业绩与课室的业绩联系在一起，说是员工的问题才造成了这种进展不顺的状况。

这个时候，我就会这样说："你说得简直是毫无道理！课室的责任全在你一个人身上！假使是某个部下有什么问题导致业绩没能提高，你可以把那个部下给我退回来啊。你只要告诉我，你觉得他不太适合那个工作，希望能给他安排别的工作就可以了。果真如此的话，无论什么时候，你都可以向公司说明。但你没有据实以告，而是随便安排任务，这不是你的责任是谁的责任？所以，你说部下不好或者部下有什么问题，这样的辩解是没有用的。我作为公司社长，如果公司工作进展不顺利，我能说这是因为员工身体不好，或者有这样那样的原因吗？给自己找借口这种事情，我想都不会想。所以我只是对你提出了同样的要求，要担负起自己的责任，不要找任何借口。"

自问自答	不要找任何借口。为了履行职责，实现自己的目标，你是否做了所有你应该做的事情？

6月

提高经营意识

现如今，进行自主经营的经营者很多，其经营的形式也各种各样。大家都根据自己的个性，以独立自主的形式开展经营活动。乌冬面店是这样，荞麦面店也是这样，甚至深夜营业的乌冬面店也是如此。这些店铺的经营者，都是自己一个人在做这份工作。一个人作为一个独立经营体，在店里投入精力并将其作为自己的事业。他们都是从这一角度出发来看待事物，辨别事物，判断是非的。

在公司上班的工薪阶层的职员并没有这般投入。只有极少数人能做到真正的投入，大部分人还是以一名公司职员的角度，抱着一种单纯完成分配的工作就万事大吉的心态。这也可以说是上班族的一种共性。

深入思考的话，如果把公司当作一个社会来看，每个人就是"社会"中以"员工"为职业的个体经营者。换句话说，我们每一个人都是独立经营者，从事着公司员工这份工作。希望大家能够思考一下，我们究竟是否能以这样的心态来看待事物和判断事物，这么做到底是对还是错。

说到彻底投身于"员工"这个职业的话，只是完成规定范围内的工作是远远不够的。假如你经营的是二十四小时营业的乌冬面店，作为店主你不仅要主动去卖乌冬面，必要的话，还应该在河边搭个小摊，招呼人们来品尝。同时，你还要亲自尝一尝，今天这汤汁的味道到底怎么样？是辣了点呢还是稍微淡了点？这些都需要自己体会和自己思考。

自问 自答	大家都是员工这一职业中的"个体经营者"。 经营者和员工都需要进一步提高意识。

自我认识和对比认识

我必须清楚地知道松下电器的技术水平在业界是居第一位还是第二位。如果认为"那些无关紧要，只要公司发展顺利就可以了"的话，公司以后的发展就会走失方向。

作为公司的经营者，对公司现有的综合实力做出判断是我的本职工作。如果评价过低，公司的能力就不会得到显著提高；如果评价过高，就会在不必要的竞争中输掉。所以这就需要我不断对"松下电器的实力和竞争力到底怎么样"做出综合判断，不能有任何差错。这是总经理的工作。而不论具体工作内容，大家所要进行的综合判断是自己主管部门的业绩和实力究竟如何，并且考虑如何才能进一步提高。说到底就是要具体摸清自己的实力。

前些天，我看到了一台我们公司制造的器具，觉得它很糟糕。粗糙得就像是外行做的一样，称不上是一流公司松下电器制造的拿得出手的产品。我认为这样的产品会降低我们在消费者中的口碑。那个技术负责人如此坦然地就把这个产品放到了市场上，就是他没有清楚认识到自己的技术水平。也就是说，他不了解自己的技术水平，或者说在将自己和别人的技术对比的时候，并没有认识到自己的技术跟别人的差距到底有多大，需要改进的地方到底在哪里。既没有自我认识也没有对比认识，更缺少对竞争对手的认识。如果在这种状态下继续工作的话，注定对公司的发展没有什么助益。

自问自答 所谓的自我认识和对比认识，不就是对自己核心能力的认识和在业界的地位的判断吗？这两点认识，自己是否已经具备，自己的公司是否已经具备？

责任意识

我认为虽然大家负责的工作各种各样，但不管你从事什么工作，最重要的是你要认识到自己承担的责任。我认为能否明确地认识到自己的责任，将决定你的工作是否能够有成效。

纵观古今中外，我认为没有哪一个人是既没有意识到自己的责任，也没有承担责任，就获得了个人的幸福也对社会的发展做出了贡献。我虽然不太了解宗教，但是据说耶稣是为了众人才被钉死在十字架上的。他承担起了全部责任。当时的人们已经失去了珍贵的人性，被欲望蒙蔽了双眼，强取豪夺，争战不休。或者说，到处都爆发了战争，世界变成了一片惨烈的修罗场。看到这样的情形，耶稣觉得人们实在太可怜了，必须想办法拯救，于是，他就把拯救人类当成了自己的责任。

一个国家的首相，或者一个国家的国王，将消除全体国民的苦难当作自己的责任，或许是理所当然的。可是，耶稣并不是一个国家的国王，仅仅只是一个普通市民而已。尽管如此，他还是把拯救人类当成了自己的责任。或者他认为作为一个人，无论怎样都要好好地对待自己身边的人，所以才承担了那么多责任。他一直都不被当权者容忍，还被钉死在了十字架上，却不曾抱怨，始终心怀喜悦。我认为这就是耶稣最伟大的地方。

我们不可能成为耶稣。但是至少对自己的工作，我们必须清楚地认识到肩负的职责。

自问 自答	要承担自己的责任，要强烈地认识到自己的责任。 因为凭借这种强烈的意识，才能开启成功之路。

自主经营力

无论做什么事情，如果我们只是简单地认为"这是领导层下达的命令，是领导的希望"而不深入地思考，就会在无意中陷入消极状态。经营活动也会因为缺乏灵活性而变得僵硬死板。比如，因为要节减经费，公司提出不能浪费广告宣传费，我们把它理解成必要的广告投入也要终止的话，就会导致原本畅销的商品滞销，公司的发展也会停滞不前。作为一名下属，对于公司的经营活动，你必须有自己的判断，虽说无用的广告都要撤销，但是必要的广告还是要积极地投放。

假定部长提出了一个方针，科长和主任就要能对这个方针提出自己的观点和意见。如果觉得这个方针有不妥之处，就要能说出："部长，这是错误的。"必须具备这种能指出错误的主动性和能力，也就是所谓自主经营力。如果没有这种能力，万一上级领导指挥失误，就会导致所有的事情都向着错误的方向发展下去。

虽然都很清楚这一点的重要性，但是当组织规模庞大，人员众多的时候，大家不知不觉就容易变得唯命是从，陷入不求有功但求无过的消极状态中。因此，上层领导在要求基层员工培养或提高自主经营力的同时，自己平日里也要注意倾听基层员工的意见，努力营造有益于基层员工提建议的工作氛围。

自问自答	必须避免消极主义，勇敢说出"这是错的"。现在的你是否具备这样的主动性和能力？

自问自答

在推进日常的商业活动的时候，有很多重要的事情。其中之一，就是从各个不同的角度不断地探讨和自问自答："现在经营的店铺能给客户何种程度的帮助，能给他们带来多少喜悦，能否让他们产生感激之情？"

假使你经营的店铺不得不关停，老主顾是否会因此感到遗憾？现在尝试反思一下自己的生意是否做到了这种程度。如果在做生意的同时，我们能够不断地进行这样的反思和探讨，就会发现自己的经营方式还有很多不足，接待老客户也要事先做好准备工作等，需要改进的地方还有很多。

就拿商品的陈列方式来说，我们很自然地认为："改变陈列方式就是为了吸引顾客的目光，尽可能多地销售商品。"这种想法无可厚非，但是我们能有"要让特意上门的顾客产生好感，让他们感到欣喜"的想法，然后进行各种努力和尝试的话，就会找到更好、更令顾客满意的陈列方式，从而让我们获得相应的成果。

如果每个人都能坚持和贯彻"客户至上主义"，并不断地自我反思和自我检讨就能产生一种信念，会对自己的店铺产生更大的信心。这样一来，我们就会拥有更加强大的力量来从事经营，也会涌现出无穷的想法和创意。如此一来，不用刻意追求，就能实现店铺的繁荣。

自问自答	在自己的头脑中同样可以进行顾客满意度的调查。只要坚持贯彻"客户至上主义"，我们就能看到繁荣的道路。

公司规则

　　如果经营者制定了不必要的规则约束员工，就算是为了避免员工犯错误，自然也会使很多员工受到束缚而难以自在地开展各项活动。这样一来，就无法充分地发挥每个人的能力，往往还会影响大家的干劲和工作效率。所以，经营者在对全体员工贯彻执行公司的基本经营方针提出要求的同时，还应该尽可能保证大家在自己的责任范围内自由地工作。采取这样的方式会更有利于公司的发展。

　　这样一来，员工就能自由地表现出独特的个性，感受到工作的喜悦，还能发挥创意，提高工作效率。这不仅对员工有益，也对公司的发展和繁荣有帮助。

自问自答	要彻底贯彻公司方针，还要让大家自由地工作，你是否弄错了这两者之间的差别？

必须赢利

大家从早到晚都在公司如此努力地工作，那么劳动成果就不能是零，必须产生利润。不能实现利润的经营就毫无意义。花费数亿日元，使用数千台机器，数百栋大楼，七千名员工从早到晚拼命工作，如果不能产生利润，那么国家就会越发贫困，公司会越来越衰败，全体员工也会随之变得穷困。我们不能始终都从事这种毫无益处的工作。

如果我们认识到自己是一名产业人，那么就必须清楚地认识到只有把这么多人的劳动成果转化成利润，国家才能繁荣，公司才能兴旺，员工的生活水平才能不断地提高。如果不能做到这点，那么我们的存在就毫无价值。如果失去了存在的价值，我认为松下电器还是解散了比较好。

自问自答	你是否在进行着无法将劳动成果转化成利润的经营？ 你是否在进行着能将劳动成果转化为利润的经营？

　　大家经营公司和商铺应该有很多的心得体会，我认为经营中最需要警惕的是经费的用途。如果公司和商铺能有效、恰当地使用经费，就会繁荣昌盛，相反必然会失败。

　　一张票据、一封邮件、一个电话等，如果在这些不起眼的小事上存在浪费，自然就会使商品成本增加，销售价格上涨，最终可能导致产品销路缩小，生意难以维持下去。或许这样的产品也能销售出去，但是让消费者来承担经营散漫导致成本提高的负担的做法，必然会对社会发展不利，在某种程度上也就减弱了公司存在的必要。

　　我们始终要付出真挚的努力，不断地探讨，只有以更便宜的价格向社会提供更优良的产品才符合产业的宗旨。而我们必须做到这一点。

　　虽然大家都很清楚这一点，但仍然会轻易忘记。随着经营规模不断扩大，大到我们的眼睛和心都无法顾及的时候，费用也会在不知不觉中膨胀。

　　不管什么事业，其实际的收益都是极其微小的。想要提高十日元的收益，最少要销售和制造一百多日元的产品，而且是只有回收了所有的货款才会产生的收益。这么一想，我们就不能简单随便地使用经费。

　　希望各位能够将此谨记于心，合理使用所有的经费。

自问自答	你是否切身感受到了获得实际收益的过程？ 你是否将经费增加的负担转嫁给了消费者？

用人为公

果蔬店老板雇用了一名店员，并不是我们想象的那样，是为了让自己轻松一点。顾客太多的时候，店里就会拥挤，一个人忙不过来的话，就只能让顾客等待。因此，请店员来帮忙是为了避免发生这种情况，也是为了能给顾客配送商品，以免顾客买了太多东西拿不动。也就是说，通过招聘店员，商店可以给顾客提供必要的服务，让顾客感到满意。这些关系着商店的繁荣，所以老板才会雇用员工。

雇用大量员工的大企业也是如此。在有成千上万名员工的大型企业，会有各种各样的分工。不管哪一个岗位，对于整体来说都是不可缺少的。企业必须通过大家的工作对社会做出贡献，而大家都是这个企业必不可少的一员。企业雇用员工就是为了让大家一起来完成这个工作。所以，从形式上来看，好像是经营者在雇用员工，上司在任用下属，但就实际而言，是企业为了完成社会使命，请大家来共同承担这个重担。为了整体上运营更加顺畅，形式上才会出现雇用和被雇用。归根结底，企业任用员工，不是为了个人的利益，而是为了社会的利益。

总之，企业用人并非为了私人，可以说是一件公事，如果你能这样来思考问题，那么就会生出自己的信念。

自问自答	这世上的任何一个工作，都不是没有关联地单独存在的。你是否注意到了这一点，是否强烈地意识到了这一点？

社会公器

我们必须先考虑"企业是社会的公器"这一根本问题。也就是说，我认为企业不是个人的，而是社会的。企业的规模有大有小，在形式上，有私人企业，也有很多股东出资创办的股份公司。这些企业从形式或法律层面来看，可以说是私人所有，或是股东所有。但是，就本质而言，企业并不是只属于某个特定的人或股东，而是属于包括这些人在内的整个社会。

不管是什么企业，其成立的基础来自社会的需求。企业在满足社会不时之需的同时，也要思考将来为了促进社会文化的进步，不断开发和提供新产品。换句话说，企业的活动要对民众有助益，能够维持和丰富大家的生活，促进文化的发展。只有这样，企业才能生存和发展。

不论我们个人多么想从事某种工作，如果这项工作在现在或将来，既不是民众所需，也不是社会所需，那么企业就没有成立的根基。今天存在的所有企业，我认为都是基于社会或民众的需求而存在的。并且，伴随着社会的进步和发展，企业的事业内容也在不断地推陈出新。

所以，不论是私人企业还是股份公司，都可以看成源于个人意志的私人物品。如果站在更高的层次来思考的话，它更是维持社会生活，促使文化向上发展的社会存在，可以说它是社会的公器。

自问自答	所有企业都是基于社会和民众的需求产生的。企业看似是按照个人的意志在运转，实际上，它既是你的也不是你的。

水库式经营

我从很早以前就开始提倡"水库式经营"的理念。一直以来我不仅自己非常注意践行这个理念，也经常将其推荐给其他人。

所谓"水库式经营"，用一句话说，就是在经营中要修建水库。在河川上修建了水库，就可以利用它蓄水，或者来调节水流，使水资源得到合理利用，还不会产生浪费。同样的道理，企业在资金层面、库存层面，以及其他所有经营相关的层面，都要修建水库，才能稳步从容地推进经营活动。

开启一个新的事业，假如需要一亿日元的资金，那就要准备一亿两千万日元的资金。如果手头只能准备一亿日元，就要将工作量缩小到八千万日元以内。这样，你就会有两千万日元的余地以备不时之需。这就是资金的水库。

以设备为例，如果我们事先以 90% 的运转力来进行核算，平时只让它工作到 90%。这样一来，当遇到一些特殊的情况，比如出现了石油危机，或遇到需求急增的情况，我们就可以让它 100% 地工作。这样就有效防止了供给不足。这是设备的水库。

我们必须时常保持一定量的库存，事先就要做好能够应对需求急增的准备，这就是库存的水库。当然，说到底，这都是基于应急的考虑而采取的行为，而那些因为滞销只能放在库房的商品并不是我说的水库的库存，可以说滞销的商品什么也不是。

> **自问
> 自答** 资金、设备、库存……
> 我们公司哪里还没有建好水库，哪里蓄水不够充分？

对公司投资

　　我希望大家听这个故事的时候不要误解。我认为太阁秀吉是个非常伟大的人。他能够取得天下是有原因的。他曾将自己的收入都投资进了自己的公司。这是怎样的一个投资呢？就要从他负责饲养织田信长的马说起。在负责饲养马的时候，为了能把主公织田信长的坐骑养得更加壮实，秀吉用自己微薄的俸禄买胡萝卜来喂它。因为只靠主人给的饲料很难把马养好。虽然我不知道这个事情到底是真的还是假的，但是书上确实就是这么写的。

　　不管从哪个角度来看，这都不是普通人能做到的。一般来说，不论是现在还是过去，工资不高的话，有涨工资的想法是人之常情。而他却从自己领到的俸禄中拿出钱来给主公的马而不是自己的马喂胡萝卜，饲养它。渐渐地这个马就摄取了丰富的营养，据说，它长成了一匹彪悍的烈马，很有活力。这种行为其实是一种投资，一种充满了诚意的投资。我认为这个投资不是装模作样的行为，因为进行装模作样的投资就算会有一定的效果，最终还是会输给满腔诚意的投资。我试着将秀吉的行为理解为这样一种满怀诚意的投资。

　　我举这个例子，没有任何想让大家少拿点工资的意思。如果大家这么想的话，那就麻烦啦。实际上，没有不投资就能取得成功的。虽然我们没有必要将领到的工资再返还公司，但是我想大家还是要以某种形式对公司进行投资。是以自己的头脑来投资，还是以智慧来投资，或者用时间来投资？总之要有这种投资的思维。只要我们能考虑到这一点，就能称得上是一名合格的员工。

自问自答	用头脑、智慧、时间、身体投资公司，你能进行哪些投资？今后能投资的又是什么？

不徇私情

　　不论是事关员工还是事关自己，必须是不徇私情地对能否胜任这个岗位做出正确判断。只要是基于这种正确的判断，在撤换不合适的员工这件事情上，我认为就不能迟疑和犹豫。实际上，很多换到其他部门的员工都在那里取得了出色的成绩。

　　一个部门运营得好坏取决于部长处理问题的方法是否得当。虽然这是部长一个人的责任，但是为了公司能够切实地发展下去，部门的具体运营措施必须能够切实地落实。而我认为，时刻意识到自己肩负的责任，是作为干部必不可少的一个重要条件。

自问自答	在评价或是考核的时候，你是否受了私情的束缚？对于人员的更新，你是否有过迟疑和犹豫？

快与慢

　　一件物品，今天博得了大家的喜爱非常畅销，到了明天是否也会同样畅销？未必会这样。明天会在哪里生产出什么样的商品，都是一个未知数。它可能很快就在全国得到推广，甚至会改变人们的需求。而这一点是过去和现在最大的不同之处。我们都要做好充分的心理准备。

　　负责经营公司的人，必须不断地思考这些问题，还要认真审视自己的工作，全面思量工作进展的速度。

　　必须提高公司的综合实力。要做到这一点就必须使每一个人的实力都得到提高。为了提升个人的实力，相应的训练就必不可少。横纲之所以如此强大，一方面在于他个人的身体素质确实不错，另一方面在于他所接受的训练。就算是横纲，如果不认真参加训练，或在训练中有所懈怠的话，力量很快就会变弱变小。为了相扑台上这一分钟的胜负角逐，他平均每天要在相扑训练场上进行两到三个小时的激烈训练，可以说几乎每天练到筋疲力尽，之后还要进行身体锻炼。台下的勤勉和付出的努力是相扑场上的几百倍。而只有每天坚持不懈地努力，才能获得相扑台上一分钟内决定胜负的效果。

　　如此说来，我们在公司里参与产品设计，如果要花费十多天的话就太慢了。你一旦有了制作某个东西的想法，就要做到即刻投入设计，并很快将样品呈现出来。要跟上社会发展的脚步，我们就必须不断地进行这样的训练。

自问自答	审视和斟酌自己的工作，考虑经营方案执行的效率。 为了提升实力，唯有不断地进行训练。

今年是我们公司实施五年计划的第一年，我想大家在平日里也都深切关注了这一年来取得的成果。我也会向大家逐一汇报今后的发展状况，我希望大家都能满怀新的希望，坚定自己的决心。目前为止，我们受到社会普遍繁荣的利好影响，整体来说进展比较顺利。我们取得的业绩超出了我们的预期。这是一件令人高兴和感激的事。按照这样的势头发展下去，我衷心期待到十月底销售额能有一个更大的飞跃甚至是突破。

但是，从这十天的预测来看，情况并不理想，令人有些意外，甚至可以说已经看到了可能会低于九月末的迹象。原本去年也是一样，和九月相比十月的销售额下降了一些。虽然好像没有什么需要我们特别注意的，但是受经济利好影响的本年度的十月，目前出现的这种状态，让我不得不在意。

人们常说"千里之堤，溃于蚁穴"。从这个意义上来说，如果在我们的工作中看到了哪怕是一丝的紊乱和不协调，我们都必须敏感地觉察到，然后及时探讨，迅速拿出相应的对策。特别是在目前情况比较好的时候，大家往往容易忽略这种小紊乱。这可能就会导致意想不到的疏忽。我们会就本月整体的发展状况从各个方面来探讨，希望大家也能就当前的情况各自进行反思。虽然这个讲话变得有点沉重，但这也是我在这里跟大家讲经营状况的原因。

自问自答	要能觉察到步伐的紊乱，然后及时探讨，迅速拿出对策。你是否时刻都对这种"小小的蚁穴"保持敏感？

引退的时机

从事经营，难免会面临一种进退两难的状况。这就是面临破产的时候。但在这种情况下还能忘我地工作，在这个过程中，我们就能知道什么时候是引退的时机。只要我们热心开展事业，自然就会明白这个道理。如果缺乏这种工作的热情，不管到任何时候都难以体会到其中的奥妙。

另外，公司的规模一旦壮大，我们就很难把握整体，对于撤离时机的判断也会变得更加困难。往往只看到其中的一部分就做出判断，这样就很容易失败。而且，也很难知道自己的失败对整体造成的影响，因此状况就会变得更加糟糕。我认为这同样也适用于经营国家。那些传统的大型企业之所以会瞬间破产，甚至国家会陷入崩溃的危机，原因就在于没有把握好整体。

因此，就算你有很多想做的事情，也要从自己的个人能力、立场和公司的立场出发来综合判断，不该做的事情就坚决不做，必须放弃的就断然放弃。能够适时适当地做到这些，才能称得上是一名合格的经营者。

自问 自答	想做，不该做，不做，放弃。你是否充分具备了能参透撤离时机进行适时适当判断的思考能力？

强烈的关心

在我看来，就算大家不太珍惜我们苦心制作出来的商品，但是必须对大众是如何看待我们亲手制作的产品表现出一种强烈的关心。

我过去从事生产工作的时候，曾经拿着自己的新产品到代理店去给他们展示，有人对我说："松下先生，这个可是花费了心血的产品啊。"听到这番话，我高兴得简直想把产品免费赠送出去。

这不是那种"卖高价赚钱"的欲望，而是"数月来的辛苦得到了认可"这种纯粹的感激之情。只有当你将自己内心的至诚融入产品之中，才能体会到这种感激之情。只有在我们全体员工沉浸在这种喜悦中的时候，我们松下电器才算是真正取得了产业报国的成果，也才能获得牢固的社会信用。基于这种精神，我们是绝对不能将无法通过质量检查的产品投向市场的。

| 自问自答 | "太棒了，你能认可我的苦心和下的功夫"，我希望你能无数次地体会到这种纯粹的感激之情。我希望你可以带动身边的人也体会到这样的感情。 |

诚如小偷

　　为了社会的发展，我们不论是谁，都必须赚到足够养活自己的钱，才能更好地维护道义。有余力的人必须赚取更多的钱才可以。那种认为最好不要赚钱，或是提倡和鼓励大家以低廉的薪水工作，以便宜的价格出售产品的让赚钱变得困难的行为，和让大家在贫困的大街上奔跑是一样的。

　　就拿做生意来说，社长那种给公司带来损失的经营活动，就算不是出于恶意，我认为从结果上看也等同于偷盗行为。

　　对于类似的情况，我认为必须给予更为严厉的社会制裁，才符合常理。然而，人们对于破产往往抱以同情的态度。虽然有人会说"那家伙真愚蠢"，但还是会有很多人认为"他真是可怜无比"。如果我们一直都停留在这样的认知水平上，就不可能建立一个真正意义上繁荣的国家。

自问自答	如果你给公司带来了损失，即便你没有恶意，结果也和小偷的行径是一样的。

一般来说，如果社长对实际工作知之甚少，说出"我觉得这事情能做，你们觉得如何"之类的话，大家就会吵吵嚷嚷，议论纷纷，花费好几天的时间来讨论这个问题。虽然这个说法有点极端，但是日本人的会议，相对来说这种趋势会比较严重吧。在如今这个事事都讲究快节奏和高效率的社会，你得出结论的时候，情况有可能就已经发生了变化。

因此，说到开会，一定要集合在会议室然后坐在椅子上举行的话，自然会比较花费时间。其实大家可以站着开会，并且争取能够立即做出决断。就算这样，情况还是会不断发生变化，所以要根据状况反复几次站着开会。大家都必须做好这样的心理准备。

当然，即使事情已经决定，有时候也会出现需要开会总结大家的意见，或者为了集思广益开会征求大家的建议等各种不同的情况。总之，根据不同的情况，举办会议的形式也千差万别，不能一概而论。我认为，我们要对会议有一个这样的认识是非常必要的。

| 自问自答 | 站着开会也是举办会议的一种形式。
就在我们开会的这个时候，情况也在变化。
你是否认为开会一定就是大家聚集在一起坐着举行的呢？ |

润滑油

　　尽管人们对我的经营方式有各种看法，我还是一直在贯彻我自己的思维方式。我思考的第一个问题就是：为什么我们必须工作？有人会说如果大家都不劳动，就无法维持生计。这个回答没有错，然而我认为并不仅仅如此。

　　我认为，人之所以必须工作，并不单纯只是为了吃饭、糊口，而是为了明天的生活比今天更好。这是我们作为人必须发挥的一个重要作用。无论你是制造物品的，还是帮助完成这项工作的，它是一个大家共同享有的目标。这样一来，事情就变成了：为了让明天的生活在精神上和物质上都比今天更美好，我们应该如何去思考？

　　如果我们能这样思考问题，自然就会明白：只是为了赚钱来工作是不行的。在资本主义国家中，虽然这个目的丝毫未变，但是为了使其在各自的自由裁量中更加务实更加愉快地得以实现，才有了所谓的资本主义经济。所以，不论是资本还是金钱，可以说都属于润滑油一样的东西。我们自然就不能只是为了润滑油而工作，我们是在为了自己的目标而工作，为了让实现目标的工作效率更高，我们才需要润滑油。我们一定要清楚地知道：金钱在任何时候都只是工具，人类生活的进步才是我们的目的。

　　这就是我的思维方式。

自问自答　我们是为了目标在工作。
为了让工作更加有效，才出现了对资本的需求。
你是否只是将获取金钱当成了自己的工作目标？

一般来说，谈论国家或社会，大家都会觉得这是件格调很高的事情，说到赚钱或谈论做生意，就会觉得好像低了一个层次。这是非常错误的看法。谈论做生意或赚钱实际上和谈论国家以及社会应该是一样的。做生意，本身应该是一件格调非常高的事情，而我们大家对此要有自信和骄傲，要记得去做格调更高的生意。

从这种想法出发，珍惜自己的营生，把精力投入到自己的经营活动中去，自然就会留意、关注客户和供应商的消息。没有客户和供应商，生意就无法成立，所以我们应该非常在意客户和供货商的言谈举止，不能对其无动于衷毫不在意。而且，脑海里会浮现出各种注意事项，比如哪一家的某个电器产品必须推进销售，是否要给这家推荐我们的新产品等。从而进货方也会自然而然地给我们提出各种积极的建议。

假如我们对客户和供货商缺乏真正的关心，最好就不要做生意。虽然这话听起来非常严厉，但事实上是，只有在昼思夜想，全身心投入的情况下，才会有思虑周全的生意。

| 自问自答 | 做生意是一件格调非常高的事情。你是否具备能够如此断言的自豪感和勇气？ |

商品与金钱

人是非常奇妙的。如果有一千日元的钞票，你绝对不会草率地对待它。你会把它整整齐齐地收在自己的钱包里，或者是放到箱子里去，总之不会置之不理，而是会把它当成仅次于生命的重要物件。

如果将其换成了商品，你对待它的态度不由得就变得草率起来，不会像对待一千日元那样对待它。就会对它搁置不理，往往任由灰尘覆盖，也不去好好清理。就那样将它随意扔在店里的一个角落里。

实际上如何对待商品才是真正重要的。从我的经验来看，这样对待商品的店铺都很难得到发展。当然也会有个例，不能一概而论，但是大体上结果都会是这样。有些店铺的店长认为商品和金钱一样可贵，是产生财富的根本，所以他们会非常认真地管理和陈列商品，总是将其收拾得既干净又整齐，非常细心周到。这样的店铺，基本都获得了发展。

我认识的一个代理店老板，每天晚上闭店之后，一般都会到两三家零售店去转。他到了那里，就像总管一样，总再三强调整理店铺。从商品的整理到陈列、打扫，各个方面他都会照顾到。

大约持续了半年，他的热心可能打动了大家，这些零售店的老板都开始意识到，必须带头珍惜商品，保持商品的整洁。于是，这些店铺的陈列状况渐渐地发生了变化，生意也开始向上发展。也就是说，珍惜商品给零售店和代理店都带来了裨益。这样的小事情看似不足挂齿，却也包含了做生意的诀窍。

自问自答	商品如同金钱，是产生财富的根本。 你是否能像珍惜金钱一样珍惜商品？ 你对商品是否做到了既细心又周到？

　　我们雇一个人工作，就会有不得不对其提出批评或者提醒其注意的时候。要从人情上来讲的话，不仅被批评的人会觉得非常厌烦，而且批评的人也不会有什么好心情。所以，大家就会觉得麻烦，不愿意去做这些让人讨厌的事情。如果企业是社会的公器，员工的任用也是一件公事的话，因为这种私人的感情而疏忽了应该做的事情就是不应该的。所以，我们要坚定自己的信念，应该提醒的时候要提醒，应该批评的时候就要批评。这样才会产生一种非常强大的力量。

　　不能单从个人感情和利害关系出发去批评他人或对待他人。但是话说回来，只要是人就不可能完全避免感情用事。正因如此，我们就更要时常提醒自己，不要被私人感情束缚。这是非常重要的。归根结底，企业是社会的公器，我在对照企业的使命而认真思考"什么是正确的"同时，也一定会留心和注意员工的任用问题。

自问自答	虽说我们无法完全避免因私人感情而疏忽了应该做的事，但是希望大家事先想到"这是不被允许的"。

过度竞争

今天的资本是公共的，是所有人的，绝对不是个人的。归根结底，应该站在公共的立场上来使用资本，所以我们决不允许在明知会造成损失的情况下，还带着私心思考如何提高自家公司产品的市场占有率。如果是这样，就只剩下资本的肆虐。资本主义难得的长处，岂不因此而丧失殆尽了吗？

都说资本主义是竞争经济，对于这个基本原理我也是深信不疑。但是，这个竞争不是资本的竞争，是基于商业本身的竞争。相同种类产品的竞争，常常会发生在质量和价格上。如果价格低廉并非来自别有用心的赤字或提供"大出血"的服务，而是源于我们绞尽脑汁的创造发明，那么这对于社会来说就是一个进步。就好像轿子变成了火车，火车变成了飞机，不得不说这对社会产生了巨大的助益。

但是，单凭资本的力量来行事，不惜损失利润也要在竞争中夺取胜利的话，显而易见，这就是暴力行为。这种为了竞争的竞争是有害的，对社会没有任何裨益。

不正当的势力的扩张，只会不断引起过度竞争，这不容置疑就是反社会的行动。正如在法律层面暴力是被禁止的一样，我认为资本的肆虐也可以看成一种罪恶，必须严加制裁。

我所说的确保"合理利润"就是从这个简单的想法中产生的。它才是真正的汗水和干劲的产物，是刻苦勤奋，节约每一张纸，在各个方面下了功夫才可能会实现的利润。只有这样，才能对社会的进步做出巨大的贡献。

自问自答	有为了确保合理利润而开展的饱含汗水和心血的竞争，也有为了竞争而进行的竞争这种有害的行为。能为社会的进步做出贡献的，究竟会是哪一种呢？

迄今为止，在经营松下电器的过程中总结的心得体会，我说过和写过很多。最近听说有人想要这些东西，于是我就选出其中一些进行了整理，趁此机会我也重新审视了这些内容。就我个人来说，我认为做生意应该有下面这种基本的态度。

佛教徒们的生活态度是早上礼拜，晚上感谢。而我希望我们每天工作的人也都能做到：早上发意，中午执行，晚上反思，每天不断地如此重复。同样，在每个月的开始和每一年开始的时候发意，结束的时候反思；五年之后，我们要对这五年进行反思。这样一来，我想你可以在一定程度上了解五年以来你所做的事情究竟是好还是坏，以及哪里好，哪里坏。

从我自身经验来看，即便自己觉得大体上没有什么过错，但在五年后重新来思考的话，其中一半是成功的，还有一半不做也行，是失败的。如果我们工作的时候都能一边反思一边前进的话，就能在迈入下一步的时候避免很多的错误。

总而言之，就做生意而言，发意、执行、反思是非常重要的。而我也再次深切地感受到在今后的工作中，我也要更加重视这种基本姿态。

自问自答	发意→执行→反思，这个基本中的基本，难道不是成功的根本吗？

面对背影双手合十

就算乌冬面的价格是相同的，珍视客人的面馆，或者满怀真心对人亲切有加的面馆，自然会吸引顾客；相反，慢待顾客，不讲礼仪，没有规矩的面馆，顾客自然不会光临。

目送吃完面的顾客离去，面向他们的背影，能在心底萌生出躬身致谢的感激之情。拥有这种觉悟的老板，一定会取得成功。

一直都能拥有这种觉悟的话，乌冬面的味道也会变得越来越鲜美。他们会对待每一位顾客都体贴入微，对待每一碗面都一丝不苟，就连面汤的温度是否适宜，调料的味道是否咸淡适中等这些细节都会把握到位。

除此之外，还会思考不能让顾客等得过久。在当今这个时代，就算服务周到，料理味道鲜美，要是让顾客等得不耐烦的话，顾客的喜爱也不会持续很久。面向顾客离去的背影双手合十，这也是一种回应等待中的顾客的方式。

态度亲切，料理味道鲜美，服务快捷，面向顾客的背影双手合十，这些重要的用心，应该不仅限于乌冬面面馆。对于我们大家来说也很重要，希望大家都能认真地思考。

自问自答	我们要有面向顾客的背影双手合十躬身致谢的心情。难道不正是这样的用心为我们开启了通往成功的道路吗？

　　我在估计市场需求的时候，是按照以下标准来进行的。随着人们的兴趣爱好的丰富和消费经验的增加，人们的消费趋势不仅受我们常说的贫穷和富有的限制，而且会呈现出一定的奢侈化或者说消费升级的倾向。所以，我要考虑的第一个问题就是，这种情况会发展到什么程度。

　　还要考虑国民收入。这不能依靠对消费习惯和市场情况的判断，要思考的是国民文化水平的提高带来的影响。基于对这些问题的思考，我会预测本年度销售额。除此以外的事情都无法预测，只有开始做了才能知道。

　　根据这些情况，就能推断今年整体的需求会是什么状况，之后我们可以根据自己的情况，看看能提供多少商品，以及自己是否具有这样的能力。用这些判断来决定提供的商品。

　　这三十年，我都是这样来做的，几乎没有出过什么差错。基本上，我都是根据今年生产多少以及明年销售多少这些情况，来设定公司经营的基准，制定公司的资金计划。如果需要从银行贷款的话就从银行来贷。

　　我对市场需求的判断几乎都是准确无误的。经常会有人问我："为什么，你的计划与市场就那么吻合？"我也无法做出科学的解释。可以说，这是具有常年的经验才能清楚的事情。如果你连这个也不知道的话，是做不了生意的。

自问
自答　　市场营销固然重要，但直到最后才可能知道结果。我们必须先知道市场需求到底是多少。

察觉与实现

　　未来学者和经世家的立场不同。未来学者分析过去或现在，据此来预测将来会有怎样的变化。但是，经世家思考的问题是，为了人类的幸福，将来要创造怎样的一个世界。于此，就有了经世家未来学和学者未来学的不同。

　　我认为今天的经营者必须都是经世家。经营者如果每天都能热心地工作，对于生意或经营就应该会有"我想这么做，希望是这样"等诸如此类的希望或理想。还会大力号召员工，呼吁大家一起努力去实现这些理想。

　　当然，对于经营者来说，必不可少的是对市场变化进行预判的先见之明，就是能够察觉一年之后或三年之后世界会如何变化的先见性。在如今这个瞬息万变的社会，那些预计会发生的事情未必一定就会发生。因此，我们想要谋求实现目标，除了必须具备这样的先见性，还需要再加上"自己内心想要这样做"的强烈的个人意愿才可以。

自问
自答　　只是预测和洞察将来的人能成为学者。洞察未来发展趋势并创造理想，号召员工实现理想的是经世家。希望大家无论何时都要以成为这样的经世家为自己的奋斗目标。

取胜之道

　　无论多么强大的力士，其取胜的方法如果不够光明正大，不仅会令支持者失望，也会丧失自己的人气。比赛就是要决出胜负，所以大家才拼命夺取胜利。但是，为了获得胜利不惜使用肮脏的手段，那就不能称之为真正的胜负，胜利的一方也不能称为杰出的力士。我们所说的决胜负，除了结果的输赢，还包括赢的方法和输的方式。这些也是需要我们关注的。

　　从事经营，也是一样的道理。不管这个事业规模多么大，或多么小，只要这是份事业，我们就必须取得成果。大家都坚持不懈地在拼命努力而经营者只想自己，认为只要自己能取得成果就可以，不顾他人，盲目冒进的话，那么这个事业就不会有存在的价值和意义。发展事业必然要取得成功，关键在于其取得成功的方式，也就是，如何以正确的方式取得成果。这才是我们最关心的问题。

　　这也许会非常艰难，但是我认为，为了使世界上所有的人都能够共同繁荣下去，必须在这件困难的事情上取得突破。

自问 自答	人们会对为了获胜不择手段的体育运动选手产生钦佩之情吗，会对其充满信心和期望吗？企业的经营也是一样的道理吧？

调动经营意识

在迎接光辉灿烂的昭和九年到来之际，我收到了诸位很多充满朝气的新年贺词，没有比这更让我高兴的事情了。

过去的一年，在诸位的团结努力之下，我们取得了圆满的成果，在此请让我向大家表示深深的感谢。

一年来，大家凭借真挚的努力所取得的成果的确让人欣喜。但在回头反思的时候，我越发感觉到了自己责任的重大。因为大家的努力能不能发挥作用，都取决于我的经营是否得当，所以我深切感受到做每一个决定都必须深思熟虑，慎重考量。然而，诸位不要担忧，可以明确告诉大家，我有自己坚定的经营方针，我绝对不会出现判断上的失误，希望大家能够安心地一心一意地跟随我。

大家只是诚实认真地做好本职工作是不够的，一定要调动各自的经营意识，把每一份工作都当作一种经营来对待，要有这样的觉悟。如果大家能在这方面下功夫，就会有新的发现。希望大家能够认识到，这不仅有助于提升制作所的业务成果，而且会给大家的发展带来助益。

现在就让我把下面的这个标语送给大家，当作给大家的压岁钱吧。"发现经营的诀窍就在此，本身就价值百万两黄金。"

这绝对不是夸大其词，我相信如果大家真正领悟了经营的精髓，要获取十万百万的财富也不是什么太困难的事。

自问自答	调动自己的经营意识，致力于每天的工作，面前就有一条掌握经营诀窍的必经之路，不是吗？

热情

　　我经常会提醒各部门的负责人，假如对方是部长，那么我会对他说："你们部门的工作确实很多。但是部长也不是神，不可能什么事情都会做。有些工作还是部下来做更高效。一定会有部下让你觉得'他在这个方面，比我厉害得多'，我认为会有很多这样的情况。所以，虽然你是负责人，是领导，但在各个具体的专业领域，也会遇到很多很难指导的情况。因为你是领导，所以不得不进行指导。"

　　"这个时候最重要的就是，你要对自己部门的经营付出百分之百的热情。这种热情一定不能输给任何人。知识、才能，这些可以输。因为我们有很多优秀的人才，输了也情有可原。但是，你必须有把这项工作做好的最强烈的热情。这样的话，大家就都愿意为你效劳。'我们部长虽然有很多糊涂的地方，但就这热情谁都比不上他。对此我们甘拜下风。这也是我们要向他好好学习的地方。'这样一来，每个员工都会充分发挥自己的才能。如果没有这样的热情，那你作为部长就是失职的。"

自问 自答	要让有才能的部下认为：唯独比不过那个人的热情，我甘拜下风。这样的热情，你有没有？

责任意识

在决定事情的时候，公司大多都是采用开会讨论的形式，经过慎重探讨，统合大家的意见之后再决定。这就是所谓民主主义方式的做法。我认为就算是大家一起决定的，实际上最终是否采纳这个决定，还是取决于部门的负责人。

负责人在做判断的时候，必须基于责任这一因素。无论是多少人决定的事情，一旦被采用，负责人就应当承担全部的责任。只有斩钉截铁地说出"这是我的责任"的人才能称得上领导。

实际上，我觉得明白这个道理的人并不多。所以往往会有一些领导以"这是大家的意见"为借口来逃避责任。

即使是通过表决才决定的事情，如果负责人判断："这绝对不行。不是自己能承担的责任。"这个时候，负责人需要明确地表明态度。如果不能做到这一点，就应该考虑离开这个领导的位置。总之，作为负责人要明确自己的进退去留。

分不清自己的立场，而是说"我个人不赞成，但这是全体决定的"等类似的话，是不是缺少了负责人承担责任的自觉性呢？

| 自问自答 | 有的领导会说"是我的责任"，也有的领导会说"因为这是大家决定的事情"。我们应该成为哪一种领导，想成为哪一种领导？ |

居于人上，坐拥重要职位的人需要时常反思。人们虽然知道这个道理，但总是从另一个角度考虑着不同的问题。换句话说，他们只是认识到，员工会根据自己职位的高低和自己的年龄来采取行动，并试图基于命令来执行所有的事情。这并不是好事，甚至可以说是令人担忧的状态。这样的事情如果不断重复，部下自发提出自主性创意的机会自然就越来越少，就会形成一种只需遵照命令行事就可以的习惯。

多数情况下，这会导致整个团队效率低下。率先垂范是必要的，仅仅如此还不够。这也许是让人感到困惑的地方。我们有必要把事情交给部下处理，在这个过程中，部下一定能成为独当一面的人，从而充分代替自己，甚至有时候会比自己做得更好。而先进的公司和集团里会有很多这样的人才。

如果没有从容的心情是很难办到的。公司的经营者、负责人，都是带着很多人一起在工作，像任性的艺术家一样感情用事，是行不通的。这是处在经营者位置的人和居于高位的人们必须思考的问题。

| 自问
自答 | 如果没有人能够代替自己，或者做得比自己好，公司就不会进步。为此，我们必须信任部下并委以重任。 |

正确的决策

　　所有的问题领导都要当场立即决定，我认为这实际上很难做到。有时也需要讨论，或是听听他人的意见。这种时候，领导不能含糊其词置之不理，否则部下就会失去积极性。

　　"这个问题现在立即决定不了。请给我一天的时间稍微考虑一下。明天我们再决定吧。""这么重要的问题，我觉得需要研究一下，希望大家等一周左右。"如果能这样说话，部下也会放心很多。

　　尽可能迅速做出决策非常重要，但并不是决定得越快越好。这个决定必须是正确的。如果当机立断做出了错误的决策是毫无意义的。

　　如何才能做出正确的决策呢？实际上这是一个非常难的问题。我们是人，不可能总是做出正确的决策。

　　如果不尽量迅速，没有失误地做出决策，就难以履行领导的职责。因此，要结合自己的经验和见识，充分考虑情势的变化做出综合性决定。在这种情况下，我认为最重要的一点就是，决策者是否从根本上拥有人生观、事业观、社会观。也就是说，我们要树立和提高自己正确的人生观和社会观，并以此为基础做出决策。如果不是这样，决定就变成了即兴的权宜之计，恐怕也很难让部下感到心服口服。

<table>
<tr><td>自问
自答</td><td>你是否做出了即兴的难以让部下信服的决策？</td></tr>
</table>

具体的指示

　　如果你觉得这样不行，就必须亲自出马，必须自己马上飞过去。迄今为止，我基本上都会把工作交给大家来做。交付的时候，都会说"你能干，你一定能行的，你来干吧"。工作交给了别人，结果也会有不尽如人意的时候。这个时候，只是批评是不行的，还要手把手地教他。技术要手把手教，如果自己也不懂的话，就会明确地告诉对方："你去那个师傅那里咨询一下。他的技术非常好，你要认真向他求教。你现在这技术水平还不行，制作的东西也不够漂亮，所以一定要虚心去向别人求教。这个问题，你就先去请教那个师傅吧！"必须这样一个一个进行指导，如果不做指示，只是说："哎呀，你这是怎么搞的，做的东西真是太糟糕了！"这样是谁都很难接受的。

　　我一直都是看人的优点并让其发挥长处。如果很难发现别人的优点，就得由自己来替代他。说是替代，实际上是不可能的，所以这个替代指的就是给出具体指示。在不能给出具体指示的时候，就一定要提出相当于具体指示的方案。比如，我会告诉他："你要去看看别的公司是怎么做的，这些事情你应该去见谁或去问谁。这样的话，你就会明白了，要是还不明白的话，你就换到别处去，让别人来做现在的工作。你去做其他的工作。"对员工的指导，我基本都要做到这个程度。如果不是开始就这样一一指导的话，就不可能有现在这个公司。我就是这么想的这么做的。而成为社长或部长的人，都必须做和自己职责相应的指导工作，必须给予员工具体的指示。如果我们只是说："你好好地干！"这是不行的。

自问 自答	派给部下的工作，当你觉得这样做不行的时候，你就要代替他来做，并要给出具体指示。你是否将工作做到了这个程度？

率先垂范

一般来说，作为领导只要办事得当就好。但是眼下要做领导不仅要办事得当，还要能率先垂范。否则，在这个局势下，就很难保全自己的公司。

之前，大家在公司里都是听从事业部部长的安排来工作，事业部部长只需下达命令便可以了。现在，需要大家主动参与工作，即便没有事业部部长的命令，自己也要能积极行动起来。这也是我对大家的一个期望。只有战胜了唯命是从的工作态度，才会取得胜利和成果。而公司的经营也是一样，到了紧要关头，不论是事业部部长还是社长或者会长都必须站在公司的最前面。这就是考验领导的实际业务知识和实际业务才能的时候。

随着公司的壮大，领导的这种实务能力，很多时候都会逐渐弱化。从宏观的视角来看，所有公司都是这样走过来的。现在的情况却有所不同，居于最高职位的事业部部长，或者是社长、会长都应该率先垂范，成为榜样。指导员工"要这样来销售，要这么去推销"等，领导必须做到亲身示范。

公司和公司的情况不同，有的公司遇到突发情况会发展壮大，有的公司却会衰败没落。之所以这样，是因为领导的思想准备不同。如果领导的心理准备充分，公司有时会获得空前的发展。这些都是我的心得体会，希望它能对大家以后的经营活动有所帮助。

自问自答 有遇到事情能成长的公司，也有遇到事情就没落的公司。在面临突发情况的时候，先受到考验的当数领导储备的实际业务知识和才能。

决断

在问题很复杂的情况下，只要做出一个决断，就要被迫做出下一个决断，还会继续出现必须做出决断的事情。经营之中总是会出现决断之后还要做出决断的状况。因此，很多事情并不是只要做出了决策就万事大吉这么简单。

虽说如此，如果我们不在一开始就做决断，事情往往会落得个让人不知所措的局面。有了决断之后，才会知道应该做什么，该朝着哪个方向前进。所有的事情才会逐渐变得清晰明确，最后问题才能迎刃而解。从这一点来说，决断非常重要，而如何做出正确的决断更是极为重要的一个课题。

自问 自答	做一个决断之后，会面临一个接一个的决断。 面对连锁反应，你能否做出正确的决断？

说服力

人们常说，对于政治家或经营者来说，最重要的能力之一就是说服力。再好的想法，要让别人理解、认同，就必须具备相应的说服力。我认为的确如此。

只是，这说服力既不是自然而然产生的能力，也不只是口头表达的技巧，而是根植于"果真这才是正确的，必须这么做才行"这种强烈的信念和热忱中的一种才能。

心在最前线

事情交给部下处理固然极为重要，我还认为自己必须具备随时挺身而出或者身先士卒处理问题的气魄。就是说，要在具备这样的气魄和心理准备的情况下把工作委托给部下。从形式上讲，把工作托付给了部下，但在精神上，始终保持着如同自己亲自处理一样的气势。这点是非常重要的。这就好像是身体在后方，心却在最前线一样。这样一来，我想部下也会感受到社长的这种气势，会以自己是在替社长分忧的心情投入到工作中去。因此，不但会收获工作的成果，部下也会因受到锻炼而成长吧。

要以过去的武将来说的话，我认为织田信长就是个很好的例子。信长将军队交托给秀吉、光秀、柴田胜家等部下，让他们率兵攻打各地。正如桶狭间合战中他一马当先从城堡里杀出来一样，自己在面对突发局势的时候有着随时率先临战的气魄。而部下们也都强烈地感受到了这种气魄，所以大家都将信长的理想当作自己的理想在战斗。我认为这也是织田信长能在如此短的时间内就迅速推进事业的原因。

自问自答	你的气魄是否传递给了部下？ 是否让大家拥有了一种在共同作战的心情？

育人

　　果断地把工作交付给别人，让他们能够在自己的责任和权限下带着自主性工作，是十分重要的。

　　培养一个人，就是培养他的经营能力，就是将其培养成无论面对多么细小的工作都能有经营意识的人。我们不能命令他，让他做这做那。那样的话，他就会变成只听命令来办事的人。还是要大胆地放手让他工作。这样一来，他自己就会动脑子想各种办法，充分发挥自己的能力。这样他才会获得成长。

自问自答　培养懂得经营的人，培养对任何琐碎的工作都能找到经营感觉的人。你是否已经能这样育人？

放手不放任

人们常说"喜欢才能擅长"。一般来说，我们在将工作委托给他人的时候，原则上是将其委任给想做这种工作的人会更好。这样做的话，往往更容易获得一个好的结果。

虽说如此，如果有人只是以自我为中心为了利用这个工作机会的话，那么不论他如何强烈地表达"我想做"的心情，我们也不能同意把工作交给他。相反，这个工作确实是他最喜欢的，想尝试一下。果真这样，将工作交给这个人往往结果会比较好。

当然，放手让他尝试，有的时候也会暴露出这个人的缺点。这些缺点则需要企业的经营者帮助改正。如果无法改掉的话，那就要考虑是否换人来做了。

这就是我们所说的"放手不放任"。所谓放手不放任，正如文字所述，是"委任"，并不是扔出去不管。

无论在什么情况下，经营者都必须有一种自觉，要有自己必须肩负起最后的责任的觉悟。实际的情况应该是：下定了决心，将工作委托给下属，也应非常关注下属究竟是怎么做的。也就是，工作交给了下属，自己的脑海中还是会不停地出现这件事。于是，你就会要求下属汇报进程，有问题的时候，你也会给出适当的建议和指示。我认为这才是企业经营者应有的姿态。

自问 自答	你是否将任务扔出去后就不管不顾了？ 放手的同时是否意识到自己将承担最终的责任？

公司发展的关键就是提高每一名员工的实力。一般来说，只要大家每个人都得到了成长，公司的实力自然也会因此而得到提高。那是不是说每一个人的实力提高了，公司就因此会得到很好的发展呢？未必如此。如果员工都是零零散散的，力量不集中的话，公司就难以顺利发展。公司必须能够团结大家的力量。那是不是有了这样的力量就可以安心了呢？也并非如此。

就算公司有力量，如果其中存在反弹或者减弱的力量，那就什么也做不了。所以，非常重要的一点是大家在培养个人能力的同时，要通过团队协作，将个人力量调整到对团队产生积极作用的方向。这就像打棒球一样，一垒手也要不断地守护二垒手的立场，要想获得这种团队合作的效果，大家必须积极努力，互相配合。这样一来，不论是我们每一个人的力量也好，团队的合作也好，由此而产生的活动能力就会给社会带来很大的助益。这不仅有助于我们更好地工作，也能帮公司树立起更好的形象。

> **自问
> 自答**　　如果每个员工的力量分散不集中，公司就难以顺利发展。这是我们应该知道的事情却难以纠正，为什么？破坏团队合作的力量究竟来自哪里？

坦率直接的批评

我在批评人的时候，都是忘我的，非常投入。我很少刻意或有意地去批评谁。如果刻意去批评谁的话，对方就会毫无反应，（笑）真的是……所以我会直截了当地批评或斥责。

这是我个人的批评方式，不能说一定就是最好的。归根结底，我们每个人的个性不同，风格也不一样，最重要的还是按照自己的风格来批评人。这时，要注意的是不要故意批判或斥责，进一步说就是批评不要带有私心或邪念。对于这一点，我们要格外谨慎。我认为最好还是自然坦率、直截了当。

如果擅长批评人的话，就会在不同的情况下采取不同的方式，从一开始就会设想好如何开口。不管在任何情况下，都不能有任何故意为之的想法。总之，坦诚直接的批评是最有力的。

自问 自答	自然地批评，坦率地斥责，按照自己的风格批评或斥责。 你自己是否能够做到？ 你会采用什么方式来批评或斥责别人？

倾听心声

有两位上司，能力相差无几。一位上司的部门，部下都被培养得很好，工作既有干劲又有活力。另外一位却怎么也培养不出人来，导致部门缺乏活力。我认为这样的情形并不罕见，可以说经常会遇到。具备相同的能力，也对工作倾注了相同的热情，结果却是一个培养出了人才，一个却没有。在一定程度上，这也说明了这两个人一个会用人，另外一个则不会。

是什么导致了这种差异？因素有很多，我认为最大的一个区别就在于是否会倾听部下的心声。平时善于倾听部下心声的上司更容易培养出人才。与此相反，不太倾听部下想法的人，很难培养出人才来。这可以说是一种普遍现象。

为什么会这样？我认为，还是因为通过倾听部下的言语和想法，部下就会主动地思考问题，也就会不断得到成长。如果上司愿意听自己说话，部下自然就会非常高兴，也会因此产生自信，还会促使自己不断思考一个又一个的新问题，提出自己的创意和建议。这样一来，部下的视野就会得以拓宽，思考问题也会变得更加深刻，也就获得了更大的成长。

如果上司不听部下的心声，也不怎么听得进去，这就让人觉得既没有自信也没有趣味。如果这样的事情不断发生，也就是说，当一个人觉得自己说什么也没有用的话，慢慢地就不会再提出建议，也不会花时间想办法努力工作，只是依赖惯性完成任务。这样一来，也就无法获得成长。

自问自答	为什么那个部门会充满活力，上司能培养出人才？"用心倾听""让人提出意见""让人自主思考""让人充满自信"，作为领导，总会有应该做和能做的事情。

商量着进行

　　我认为，上司在命令部下的时候，不要单纯发号施令，而是要采用商量的形式。不是仅仅说"就这么做"，而是采用"我想做这样的事情，你觉得怎么样""你能来做吗"等诸如此类的说法。这样一来，部下就会说："我也表示赞成。我们一定要把这件事做成、做好。"也会有人提出自己的建议："我觉得这件事真的很好，不过，要是这个地方这么做的话会不会更好一些？"如此一来，加入了部下的意见，我们也许就能制造出更好的产品。就算部下只是说了"好的"，如果这个谈话是商量着进行的，那么这个回答里就加入了部下的判断，之后大家就会充分发挥积极性把事情处理好。

　　如果只是发号施令，部下就会变得"唯命是从"。虽说这也是工作的一种方式，但我认为以这种形式来开展工作的话，就无法期待部下有足够的成长。各个职场的情况都不同，自然也会有商量在形式上变成了命令的时候。即便是这种时候，我们也要带着与对方商量的心态。这是非常重要的。这样一来，即使同样是说"请做这个"，也会产生不同的反响。因为部下对此会有自己的认识。

自问 自答	如果想制造出更好的产品，那么下达命令就要商量着进行。一定要有这种心态。

从我的经验来看，我们从一个人的抱怨声中，就能知道他的心胸和器量。怨始又怨终的人，一般都会让人感到很不舒服，就不具有当负责人的资格了。负责人必须有自己的意见，还要能做到敢于请示，敢于询问这个意见到底是好还是欠妥。很多人不询问也不请示，这才是真正最糟糕的。那些真正了不起的人，就算自己的工作做得非常好，也会认真地请示和汇报。这种做法让我非常高兴，也会认为他"干得真不错"！

无论事情结果如何，都要汇报，不能怠慢。换句话说，敲打了物品就要有回音，彼此要有这种心领神会的默契。如果我们是肝胆相照的朋友，是不是就会相互沟通呢？跑腿回来之后，你一定要告诉我"这事情是这样的"。就算是代替我去，回来之后也要汇报。这原本是一件极为普通和正常的事情，不这样做的家伙做事肯定不行。

有些人，即使我告诉他"你回头给我汇报一下"，他也是刚开始的时候会汇报，逐渐就将我的叮嘱当成了耳旁风。这可能就是他自身的毛病，很难改正吧。外国人做事的时候一般都要请示和汇报的。即使是出差的人也会每天向总公司汇报自己的情况。而我们日本人一般都不做汇报。我们必须在这方面付出很大的努力，养成良好的汇报习惯才行。

各个事业部部长几乎没有什么时间向我汇报，而我也实在是没有时间听。现在我要尽可能让他们汇报。昭和十年（1935年）前后，我们随时都能互相沟通，我不仅有时间听，也有余力给出指示。那段时光是最快乐的。

自问自答	通过汇报，我们会了解人际关系的情况。 通过汇报，我们会知道一个人的心胸和器量。

晋升

　　设身处地为对方着想，互相帮助，做好职责范围内的工作，不仅是我们职场人该着重强化的，也是所有的人都应该具有的一种最基本的心理。这样的心态会指引你取得成功，也是引领你走向成功大道的钥匙。

　　设身处地为对方着想，作为商人来说，就是要从买家的角度来看待商品。在此，我特别想提一件事，它也是我作为日本人切身感受到的，我们的度量是不是太小了呢？比如，一个公司的一起入职的员工中一旦有人晋升，有人就会妒忌，就会对其产生猜忌；相反地，一旦有人失败，那些心胸狭隘度量小的人就会暗自窃喜。可以说，这是普遍存在的。

　　那种心怀嫉妒、产生偏见、心胸狭隘的人，才真正是不足以得到晋升的人。他们的行为不仅表明了这些人缺乏历练，也表现出作为人很不成熟的一面。

　　假如他人得到晋升或获得成功的时候，你能怀有一颗为其鼓掌喝彩的素直心，每天拼命努力工作的话，我认为你也会得到相应的回报，职场就是这样的。这就是我的想法。

自问
自答　　希望你成为一个能为别人的成功鼓掌喝彩的人。

当机立断

自古以来就有"兵贵神速"的说法，也有"先发制人"的教诲。有的时候是否能够准确地抓住瞬间制胜的时机关系事情最终的成败。在这种时候，一味踌躇的话就可能永远地失去时机。所以，对于想成为将才的人来说，当机立断极为重要。

这不光是战斗，一个国家的运营是这样，一个公司的运营也是如此。形势瞬息万变，一日的延误就可能导致延误一年，这种情况并不少见。因此，我不允许以既不决断也不实践的姿态度过每一天。

当然，有的时候，我们的确需要再三考虑、反复斟酌，在广泛听取他人意见的基础上做出决断，还要花费一定的时间慎重地运筹帷幄。所以针对这种情况，能做到事先充分考虑是很必要的。另外，当机立断的见识和灵活的执行力也是指导者不可缺少的资质。

自问自答	你是否能看到制胜的时机？ 你的决断是否真的符合时宜？

失败的原因

　　明历年间的大火使江户城和江户市蒙受了巨大的损害。在那个时候，有的官员在第一时间积极组织抢险，更多的官员东奔西窜，不知所措。因此，有高层官员认为为了今后的发展，应该对这些人逐一进行审问并加以处置。

　　这时，大老保科正之说道："为了今后着想，这种建议诚然非常有道理，但是仔细想想的话，这其实是在没有明文规定的情况下就给他们定了罪。这次火灾是主公家康执政七十年以来未曾发生过的大灾难，之前没有经验，也没有相关规定，所以大家都不知道该怎么应对，才会乱作一团。如果真的是为了今后着想的话，就应该好好吸取教训，让大家知道再遇到这样的火灾时应该怎么做。把这个确定下来才是最重要的。"据说，后来审讯就此被取消了。

　　无论是谁，一旦遭遇失败或是碰上了什么问题，往往都会从外部寻找原因。总怀疑是谁不好，或者抱怨别人，埋怨社会，哀叹运气差。实际上，我认为几乎所有的失败都是自己造成的。事先好好地制定计划，执行中也小心谨慎，绝不怠惰，一般来说事情都能顺利发展。

　　当遇到失败时，领导者更是要 100% 承担责任。就算是下属的失败，上司也要先自我反省一下：那个下属到底是否适合他现在的职位，作为领导的自己是否对他进行了充分的指导。

| 自问自答 | 先要自我反思，承认所有的责任都在自己。
一定要对不断在外部寻找原因的自己提高警惕。 |

赏罚分明

自古以来，赏罚分明都极为重要。有功绩要奖赏，有过错要惩罚。赏罚制度运行得当，才能保证集团的纪律，人们也才能得到鼓励。如果做了好事不能受到表扬，做了坏事也得不到处罚的话，人们就会任意妄为，想做什么就做什么，纪律和秩序都会变得毫无意义。

所以必须赏罚分明，还要做得恰当，做得公平。奖赏也好，惩罚也好，过轻就会效果甚微，过重会适得其反。这其实是很难处理的。可以说，在某种程度上，一个人仅凭能把赏罚做得得当这一点就可以成为领导。

作为领导平时就要十分小心谨慎，赏与罚要做得恰到好处。还有，关键要注意千万不能掺杂任何私人的感情。一旦夹杂了个人感情，赏与罚就不能让众人信服。

自问自答	你是否已经能做出令众人信服的赏罚？ 赏罚应该避免徇私情。

缺点

也许你会认为："如果让部下知道了自己有这样的缺点，部下会不会轻视自己呢？"这种心理也许正是人类内心的写照。我认为这样的担心都是徒劳的。实际上，我是通过让大家知道我的缺点，然后得到弥补，才走到今天的。

譬如，我没有什么学问，有很多不了解的事情。所以，即使是面对刚进公司的新职员，我也会请教问题："我想请教一下，这个词是什么意思？"因为大家一般都比我有学问，就会教给我。没有一个人说过："老板您居然连这都不知道啊？"如果我心里想着："要是问这些的话，太伤颜面了。"如果自己不懂的也不去问，把问题放在一边置之不理的话，就没有人愿意教我了吧！那样的话，大家的智慧得不到发挥，公司也不会有发展。

我认为，正是因为大家都知道我有很多不知道的事，所以为了弥补这些缺点，大家才给我提供了知识和智慧，让我取得了成果。

自问自答	自己的缺点可以请部下来弥补。 你是否已经学会了让部下提供知识和智慧？

坏消息

　　领导在向前推进事业的时候，一般都是一边从大家那里收集各种意见和信息，一边推进。这是理所应当的一种姿态。这时候，重点是不要只听好的消息，还要多听坏的消息。那些赞赏的话，以及事情进展顺利的消息，大概听一听就可以了。如果你听到"这里有些问题，这个地方必须这么做"，就必须认真对待并积极采取各种措施来解决问题。如果这些并没有传到领导者的耳朵里，自然没有采取必要措施的问题了。

　　实际上，这种坏的消息真的很难传递到领导那里。大家都喜欢听好消息，不喜欢听坏消息，这是人之常情。听到好消息，会让人喜悦；听到坏消息则会让人心生不快，变得低落。自然而然地人们就养成了只说好话的习惯，事实的真相就会越发模糊和暧昧。这是常有的。

　　德川家康曾说道："给主公的谏言要比立头功更有价值。"这就是说，立头功对昔日的武士来说是最高的荣誉，但是谏言却更有价值。换句话说，谏言就是如此珍贵并难得。

　　领导要尽可能寻求这样的谏言和所谓的"坏消息"，在职场中营造出一种大家敢于说出自己建议和意见的良好氛围。

自问自答	你要反思：是不是坏的消息都传不到你这里。

负责承担忧虑

虽然每个人都有不同的看法，但我认为，领导是不是就是"忧虑负责人"这样的角色呢？为了能让下面的人没有后顾之忧好好工作，领导都会说："怎么你在担心这些事情啊？这些事就交给我吧，你专心工作。"然后把这些担忧一手接过来。这样一来，下面的人不断努力工作，自然也就会取得成果。

在某种意义上，我认为领导就是这样的存在。社长这个角色就像是承接担忧，解决烦恼的总管一样。所以，下面的人只需说出自己的烦恼和担心就可以，不要有任何的顾虑。实际上，我认为心无顾虑地专心工作非常重要。

自问自答	为了让大家心无顾虑专注工作，你要接手大家的担心和烦恼。上司存在的价值就在于此，你是否已经做到了呢？

乐于被麻烦

我们公司起初是一个很小的街道工厂。最开始，很多时候都是我自己在做销售和采购的工作。随着工厂规模的扩大，渐渐地就不允许我自己干了，只能让别人替代我。当时，我告诉大家"请大家尽管麻烦我"，而他们也确实不断麻烦我。

采购的人会来跟我说："老板，有件事要拜托您一下……"那时我们还是街道工厂，不叫"社长"，大家都叫我"老板"。于是我问他："什么事？"他说："实际上，我现在正在和一个工厂交涉。大体上谈到了 90%，请您帮忙出个面。只要您表示一下感谢，工作就可以顺利完成了。"我说："是吗？这太好了，那我们走吧。"就和他一起去拜访了对方。

"我从他那儿听说您在向我们学习，真的是非常感谢您对我们的认同和支持。松下电器将来做大了，我们在您这里的订货也会增加，还请您务必多加关照！"于是对方说："好啊！一定的。"事情就这样顺利结束了。

不仅采购如此，还有经营等很多工作都是一样。大家都很积极地麻烦我来推进工作，于是也才有了公司的飞速发展。下属乐于麻烦上司，上司也乐于被麻烦，有了这样的氛围，公司自然就会得到发展。

自问自答	你被部下麻烦是否感到非常高兴？ 当时你是否充分发挥了自己的作用？

努力就能成功

如果负责人认为这件事干不了的话，就算本来能做到的事情也会变得很难取得成功。如果负责人认为只要做就一定会成功，并能将自己的部下全部召集起来，充满信心地号召大家："是这样的，我想干。大家愿不愿意跟我一起干？我想我一定能胜任，希望大家也能尽力。如果诸位愿意协助我的话，我就带头来干。"这样一来，部下也会心血沸腾想要大干一场，最终也就能实现目标。

当然，我们的奋斗目标必须符合常理，符合道义。只要是这样，哪怕事情比预期困难，也一定会出现接近预期的形势。迄今为止，我基本上都是这么走过来的，只要负责人能够号召和呼吁，全体员工的智慧就会聚集起来。利用众人的智慧就会有新的发现，不论是在制造技术，还是销售方法或经营方式上，都会有更新更好的东西产生。

从这个意义上来说，我认为负责人绝不能消极、悲观。不能是"可能会失败"或"恐怕不行吧"，而要有"只要干一定能成功""如果跌倒，就从跌倒的地方爬起来，重新开始"的积极性和顽强的意志。这才是领导者的必备条件之一，不是吗？

自问自答	从哪里跌倒，就从哪里爬起来。起来了，就要迈开步伐重新开始。无论何时，不要惊慌失措，不要灰心丧气，眼看前方，向前迈进。你一定能看见前方的道路，必定会看见。

前些时候，我们公司从外面新招聘了一名员工。

"进了松下，你总会有一些感受吧？给我说说你的感受！"

"大概就是这和这（不一一列举）……"

"就这些吗？"

"是的，我说的这些还不行吗？"

"毫不客气地说，你现在的这个回答是五十分。而我想要听到至少七十分的内容。"

就这样，我对他进行了各种斥责，也阐述了自己的意见。随后我伸出手，他被狠狠地批评之后看着我的手，在想这是怎么回事？

"不放上来吗？"

"什么？"

"你不给我手里放五千日元的学费吗？我花了宝贵的二十分钟跟你说话。就是花五千日元也是值得的吧。算了，今天我就给你算便宜点。"

于是，就有东西啪的一下放到我手上。我就知道谈话有了效果。

自问 自答	你是否用自己的方式将"一寸光阴一寸金"的理念传达 给了部下？

大事与小事

一般情况下，我们都会严肃批评大的失败，而对小的失败，只会轻微提醒一下。仔细想来，大的失败往往都是本人经过深思熟虑，拼命努力之后的结果。这种情况下，不如我们一边鼓励他"你不能为这种事情担心"，一边和他一起来研究一下失败的原因。让这次失败作为一个教训在今后发挥作用，这是很有必要的。

与此相对，小的失败或者过失，大多都是一个人的疏忽大意造成的。很多时候他本人也意识到了原因。正如"千里之堤，溃于蚁穴"一样，不得不说在这些小小的失败和过失中，也隐藏着对未来不利的巨大祸根。

因此，不能拘泥于大事而忘记了小事，一定要严厉地训斥小的失败。同时，将大的失败作为发展的基石来加以研究。这是很有必要的。

自问 自答	你是否斥责过犯下了严重错误的部下？ 之前的斥责和批评是否得当？

承认烦恼的存在

　　我觉得，人有烦恼也是不错的。我在想，对于人来说，有个烦恼是很必要的，难道不是吗？我并不是在牵强地思考这个问题。如果是那样，这只会让自己感到痛苦，而我真的是这么想的。

　　要说为什么。如果人的心头时常有一件担忧之事，就不会有大的过错，因为他会变得非常小心谨慎。如果心思一直都在活动，就不会变得疏忽大意。相反，没有什么烦恼，总是满怀喜悦地工作，长此以往，自然而然就会松懈。这种松懈往往与过错相关联，很容易带来消极的影响。社会上有很多这样的实例，不胜枚举。

　　有个烦恼，在很多时候，反而会发挥更多的正面作用。因此，不要想着去逃避烦恼，而要承认烦恼的存在，去思考如何努力消除这个烦恼。我认为，我们人生的意义就表现在这种积极面对烦恼的姿态里。

自问自答	令人担心和烦恼不已的事有很多。我们是想办法从这些烦恼中逃脱，还是积极地面对这些烦恼呢？

心的缝隙

为了维持健康，有很多需要做的事，比如摄取营养、适当休养、坚持适度的运动等，其中特别重要的就是人的心理状况。过去人们常说"病由心生"，实际上，我觉得心理状况占的比重确实很大。

人在心情愉悦的时候，不会因为一点小事就感到疲惫或生病。我们在做自己感兴趣的活动或是体育运动时，经常会有这样的体验：当我们投入其中感到很快乐的时候，即使在别人看来很累，自己感受更多的却是那种爽快感。因为心情激动所以不会感到疲惫。或者说，即使很累，自己却感觉不到。

工作也是如此，充满热情并拼命努力的人，即使稍微有些繁忙，有时甚至是彻夜工作也不会疲惫，不会生病。相反，总觉得什么事情都百无聊赖，用这样的心情去工作的话，心的缝隙中就会钻入病气。大家经常会看到和听到这样的事情。

当然，人的体力是有限的。不论内心多么兴奋而不知疲倦，太过辛劳的话，就很容易陷入过劳的状态之中。所以我们一定要注意这一点。

总而言之，做好自己的健康管理也是工作的一部分。希望大家能够让自己心情愉悦地专注地工作，也要以不同的方式来珍惜自己的健康。

自问自答	健康管理也是工作的内容之一。 这个理所当然的道理，你是否已经懂得了呢？

魅力

　　如果领导具有这种让别人感到"为了这个人，我要……"的魅力，自然就会有很多人聚集到他身边，而且大家也会在他的带领下拼命努力地工作吧！如果不具备这样的魅力，要成为一名优秀的领导者一定会很难，很不容易。

　　话虽如此，人品这种东西多少也有与生俱来的特点，在某种程度上来说，要想每个人都具备是非常难的。但是通晓人情的微妙，懂得珍惜别人，这些都取决于自身的努力。这种特质也能成为一种魅力。我认为，不只是自己要有魅力，自己的公司和自己的团体也应该具有某种魅力。

　　我希望领导者都知道这种"吸引人的魅力"的重要性，从而去培养和提高自己的这种魅力。

| 自问自答 | 并非只有先天的魅力才会吸引人。 |

不能只凭一己之力

经营者或领导者虽然有责任在工作上率先垂范，但是这些是站在思想准备层面的认识。一项重要的工作单凭一个人的力量是完成不了的，一个人也不可能同时照顾到方方面面。因此，就需要部下肩负职责从自己的立场出发来工作。

如果经营者具有爱护部下、鞭策部下的态度，同时能给予员工力量，那么这样的经营者即便在工作上遇到了困境，也必然能获得部下的建言。

就在刚才，我见了一位社长。他既有学识，又有充沛的体力，也非常具有时代感。尽管如此，他的公司经营得却不是很顺利。因为这位社长是那种喜欢凭一己之力判断和工作的人。相反，有些公司的社长看起来像是乡巴佬，你会觉得不知什么时候他就可能一下子栽了跟头，然而这样的公司往往发展得很顺利。这真是一件非常有趣的事情。我想，这是因为他信赖部下，以部下为主共同开展工作，让大家的智慧得以发挥，从而使事业得到了发展吧。

话虽如此，有一件事是绝对不能忘记的。那就是，无论采取什么做法，都要清楚地认识到，责任始终在自己身上。

自问 自答	不能只依靠一个人的力量工作。不论你多么优秀，都会在经营活动中遇到困境。这种时候，要善于从部下那里获取智慧和建议。你是否已经成为这样的领导？

8月

懂得管理

经营力

昭和五十年（1975 年）的十二月，松下电器在美国发行了一亿美元的可转换公司债券，当时两大债券评估机构标准普尔和穆迪分别给出了"AA"和"Aa"的高度评价。之所以给予这么高评价的理由有三点：松下电器的财务状况很好，在业界地位高，经营能力强。这在当时的公司内部会议上成了大家议论的话题。

我听了之后，说了这样的话："这的确是让人无比高兴的。但我觉得这三个理由的顺序是不是排错了呢？必须把经营力放到第一位来吧。就是说，经营力才是产生一切的根本。只要经营力提高了，财务状况和业界的地位自然也就提高了。"

当然，讨论这个话题的人并不是有意要排序，我也是半开玩笑地即兴讲了这些话。但这个观点代表了我真实的想法。财务状况的好坏，业界地位的高低，这些最终只是结果，而我认为产生这些结果的根源在于企业的经营力。

自问自答	什么是经营力？什么是管理？对于公司创造出成果的根源，你究竟了解多少？

组织和人

今天我想谈论的也是我经常会提到的，它就是公司无论如何都要以人为中心来开展经营活动。组织，虽然也很重要，但不论怎样，组织都可以放在第二位。人，才是第一要素。以人为中心来构建组织，才是松下电器当前必须思考的问题。

对于国家机关来说，是先有组织、机构，之后才是选择符合条件的人来处理国政。松下电器如今正处于向上发展的阶段，根据这个情况，我们还是要以人为中心来考虑问题。为了发挥人的作用，要适当地构建组织，目前我们比较适合用这样的方式处理问题。

今后，松下电器会进一步发展，变成更大的经营体，以组织为中心聘用人才，这样的时代一定会到来。现在还不能这样来考虑问题，要以人为中心来考虑。从这一点来说，我认为个人的力量或者说能力，是一个非常关键的因素。

自问自答	人是第一位的，必须以人为中心来思考问题。 组织的存在就是为了让人的作用得以发挥。 构建组织是为了让人才发挥最大的作用。

产品和人

人们常说"事业如人"，果真如此。不管什么样的事业，都要有适合的人才能发展。不论是有着多么辉煌的历史和传统的企业，如果没有能够承袭这个传统的合适的人，都会渐趋衰弱。

组织的经营方式或经营方法自然非常重要，终究让这些发挥作用的还是人。不管创立了多么完备的组织，引进了多么先进的方法，如果没有能发挥这些作用的人，就无法取得成果，企业的使命也就难以实现。企业在给社会做贡献的同时，是否能够昌盛地发展，完全在于人。

所以，经营事业必须先寻求人。培养人才比什么都重要。我的公司还很小的时候，我经常会对员工说："你到客户那里去，要是别人问'你们公司生产什么'。你就说松下电器培养人，电器产品虽然也在生产，但先培养人。"

制造好的产品是公司的使命，为此我们必须培养出与这些产品相匹配的人。而有了这样的人，自然就能生产出好的产品。我之所以会这么想，可能也是年轻有勇气，才能用这样的语言表达出来。这种想法一直都在指导我的经营实践。

自问自答	培养出了优秀的人，才会生产出好的产品。 你是否能自信地说"我的公司是培养人的公司"？

人员的组合

人们常说"量才适用"。如果将每个人都放置到适合的地方，这样既能发挥人的作用，又能产生成果。这是极为重要的事情。要想达到这种状态，我认为需要我们把职位、工作内容，以及人员的组合结合起来一起进行思考。

人人都有优点和缺点。如果是能长短互补的组合的话，那么两者都会发挥更大的作用。同时，也会有一些看似不起眼的问题，类似两者合不来等这些比较微妙的东西。当然，最理想的是大家通过努力能在一定程度上解决这个问题。我也认为通过配备适当的人员来解决这一问题是比较重要的。

实际上，社会上这样的实例不胜枚举。譬如把工作交给三个人来做，虽然这三个人各自都非常优秀，却怎么都做不好。于是，你下决心把其中一个换到其他地方，让另外两个人来做。结果，在很短的时间内，就取得了之前几倍的成果。另外一个人也在新的地方积极活跃地开展着工作。我想大家都经历过这样的事。

只要把平凡的人进行适当的组合，就会呈现出非常好的效果。所以，领导者必须知道这种人员组合的奇妙。

自问 自答	必须立足于人的本质。 只要知道了本质，就不会怀疑"组合"的重要性。

60分的实力

一般来说，如果我认为这个人有60%的可能性能做这件事，我就会把他当作胜任者。结果，往往事情都能够进展顺利。

如果无论如何我们都要找一个有80%可能性的人，然后从各种角度来选择符合条件的，也是能找到的。真能找到这样一个人的话自然是再好不过了。但是，我们花费了大量的时间和人力，这在某种意义上来说反而给我们带来巨大的负面影响。

所以，我会先跟他交流一下，如果觉得他大概有60分实力的话，我就会说"你来做这个工作吧，你一定能行"。这样一来，事情大体上都会进展得比较顺利。其中，也有人甚至把工作做到了满分。当然，并非每件事都是如此顺利，也有失败的情况。实际来看，如果有六个人的话，三个人大概会比较顺利，两个马马虎虎，剩下那个人可能会失败。我这里的情况就是这样的。

而对于失败的人，我会对他说："因为你失败了，所以我来帮助你。"我会一面支持他，一面提醒他关注我能注意的地方。这样一来，有时情况就会往好的方向转变，有时也不能尽如人意。如果不理想，就要进一步探讨，寻找原因。我一路就是这么走过来的。这么做，虽不能说是最好的，但是大约70%的成果会持续展现出来。我认为这也是松下电器能发展成今天这种规模的一个原因。

完成使命

每个部门都有应尽的重要使命。要说完成使命的最高负责人是谁，正是部长。如果有的下属不适合完成使命，业绩提高不了，部长必须就此讨论出相应的对策。换句话说，就算把下属换了，也必须谋求完成使命，这就是部长的职责。

而要做到这一点，就必须向社长或是公司的首脑诉说实际情况，并提出自己的建议："我这个下属要是能去其他部门的话，就能得到更合适的工作，也许就能发挥出十二分的能力。我认为他不太适合我们部门的工作。为了我们部门，为了公司，也为了他本人，我希望能把他换到其他部门去。"

面对这种情况，有些人往往会有一些私人的顾忌，比如会觉得"说这样的话，就表示自己不能很好地让下属发挥能力，有损自己作为部长的面子"，因而很难下定决心。被个人感情束缚，没有说出应该说的话，这就是部长缺乏使命感的表现。换句话说，就是你疏忽了自己在社会上肩负的重大工作使命。

| 自问自答 | 考量部下是否适合并探讨对策，是领导分内的工作，也是领导应尽的职责。这个时候，可不是在意自己面子的时候。 |

决策权

就经营而言，决策是极其重大的问题。即便是要做好一件小事，也先要决策，才能往下推进。在几个人共同工作的情况下，更需要负责人做出决策全员才能动起来。所以，在人员安排上，决策也是非常重要的。

我认为尽可能果断迅速地做出决策是非常重要的。你带领着一大群人，站在一个十字路口，如果一味地踌躇、迟疑，不知该往右还是该往左，就会造成巨大的损失，也会让大家意志消沉感到沮丧。要么右转，要么左转，一旦决定了应该前进的方向，大家自然会带着勇气和热情向前迈进。尤其在如今这个剧烈变化的时代，要想在严峻的竞争环境中工作，决策就要迅速，要当机立断。这是非常重要的。

然而，如果让一个人来决定所有的事情，就会降低效率。如果是一个极小的公司还好，要是几千人，几万人的公司，如果所有问题都由社长一个一个来做决定的话，不论如何迅速，就整体来说，决策都是延迟的。这会导致事情难以顺利地运行。所以把决策权交给部下就变得很重要。我都是告诉下属："重要的问题请找我商量，剩下的按照基本方针由你来判断。"仅仅这一个变化就能让决策的速度大大提高。实际上，如果交托的是部长，部长就会交给课长，课长交给主任，主任交给员工。这样公司整体的决策就会变得非常顺畅，也便于迅速准确地应对各种不断变化的情况。

自问 自答	要更迅速、更顺畅地进行决策。 决策权是否被充分地转让了呢？

明文规定

　　事情能够在没有任何规则、没有任何束缚的状态中顺利发展，就是最理想的一种状态。实际上，很难做到这样。在接近这种理想的过程中，还是希望大家拥有互相约定的内容，一边约束自己，一边努力追求目标。只有这样，才能获得充实感，也才能充满自信地开展活动，并取得令人满意的成果。

　　从这个意义上来说，一个集团、一个公司，为了能以令人满意的状态持续开展充满活力的经营，还是要将一些规则、决定、心得等公布并规定下来。每一个人都反复揣摩，达到融会贯通的程度是非常重要的。

自问自答	为了实现目标和理想，明文规定极为重要。 每个人将"明文规定"学习到融会贯通的程度很重要。

收款和付款

　　如果对于金钱的管理很散漫的话，那不论做什么都会松懈。运营状况良好的公司或商店，平日里对金钱的管理相对比较敏感，不论是对待收款还是付款都会非常谨慎小心。不论规模大小，想开展良好的经营，就必须严格管理好每一笔交易。这是经营取得成功的关键。

　　我熟悉的一家批发商店，虽然生意做得不大，但是在眼下生意普遍不好做的情况下，也取得了丰厚的利润，积累下了一定的资金。这家店不仅深受零售商爱戴，也深受供应商信赖。能做到这样，是因为他们平日里的收款和付款都很及时也很到位，他们把每一个交易事项都处理得非常妥当。换句话说，他们的经营态度非常诚恳。

　　相互之间的信赖，最终都来源于这种诚恳的态度，而商业兴隆的原理也是同样的。这并不是什么高深的道理，经营的秘诀的确都蕴藏在这些平凡的细节里。

自问自答	对金钱要敏感，对交易要严格。 受人爱戴、受人信赖的秘诀就在于平凡的细节。

委托金

提高利润的目的在于能够实现物资免费，这是我的想法。我们在做的工作需要资金。要是我们建立了政府的话这个资金就可以通过税收来实现，但是这是不可能的，所以就要让消费者心悦诚服地拿出来。所谓心悦诚服就是以收益这种形式收集资金，收集的钱注入为了实现物资免费的资金中去。

赚到的钱不都是我个人的，只有其中的一部分归我个人所有。当时，我是个体经营者，从法律上来说的话，赚到的钱应全都归我个人。但正是基于上述考虑，我在会计上把赚到的钱分开了。之前是在会计上将个人的部分和其他部分分开处理，现在我又进一步清晰明确地规定：我可以使用其中的一部分，而大部分的钱都是来自社会的委托金。换句话说，尽管在法律上来看这些钱都是我的，可我认为它是寄存在我这里的委托金，是让我用来增加工作量的。基于这一理念，我向大家陈述了自己的宗旨。

大家都感到非常感激。大家的工资并不低，因为公司正在发展，员工也都在加薪。我这样做并不是把它作为手段，而是下定了决心要一路走下去的。

| 自问自答 | 我们获得的大部分钱是社会的委托金和对我们的期待。你是否已经确立了"对于利益能这么说"的理念呢？ |

安逸感

这两个月的销售额和前年同期相比增加了十七亿日元。尽管如此，利润反而减少了。这难免有些不可思议。实际上我也觉得难以理解。在看到这个决算数字之前，我自己也没有想到会减少这么多。

人员增加了两千，人工成本就要额外增加一亿四千万日元左右。这一点，我还算是知道的，其他的销售和管理费用也用了六亿两千万日元。加起来，最后就要多花七亿六千万日元。这就必须好好考虑一下了。利润是提高了，也花了更多的经费。这多花的经费，有的是因为竞争激烈而提高了折扣率，有的是参与其他竞争导致经费比以前增加更多，等等。虽然通过各种调查就会知道这些情况，但我冷不丁儿地看到数字，就得出了这样的结论。

这在生意中算是非常可怕的事情了。赚了钱同时也浪费了经费。就算是必要的经费，如果我们疏忽了，没有进一步仔细斟酌如何让它更加合理的话，就算是营业额增加了，也必然会出现纯利润反而减少的情况。这种事情以前从来不曾有。在几十年的时间里，我只要大概算一下心里记的账，就知道这个月大概能增加多少利润，基本上跟实际情况不曾有过大的误差。

第一次出现这种状况。我当然认识到了其中一大半责任在我自己，另一半的责任，是不是在过去的一年里，因为松下电器经营状态逐渐转好，大家就很自然地产生了一种安逸感呢？

自问自答 | 尽管营业额在增加，纯利润却在减少，没有比这更不可思议、更可怕的了。公司是否弥漫着这种安逸感呢？

借的钱

通俗地说，银行吸收大家的存款是一个大买卖，放出贷款更是一个大买卖。就像生意人不断地寻找买家出售商品一样，银行也要不断地寻找贷款的客户。如果这个客户能很好地利用贷款，能赚到钱并连带利息一并返还的话，对银行来说，这样的客户是非常难得的。要是有谁能够获得政府或者神灵的担保的话，银行就会兴高采烈地把钱贷给他。然而，政府和神灵都不会担保。因此，银行要通过人类的慧眼来寻找客户。

我之所以能借到钱，是因为我能证明我有赚钱的能力。借的钱必须慎重地使用。所以，我们做生意要努力、认真且谨慎，这样才会有利润，才会将借的钱连本带息地返还。这样循环往复，以后不管你愿意不愿意，银行都会把钱贷给你。即使是在非常混乱的状况下，银行也给我们贷了款。虽然松下对自己的将来也没有什么预期，但是之前的工作状态成了我的一个信用凭证。他们认为："那个男人一直就是以这样的工作姿态走过来的，以后也应该不会做什么出格的事情。"因为银行能够通过一定程序来测定企业信用的范围，所以他们就以那个测定的结果贷款给我。

自问自答　你是否已经确保了自己在经营上的"信用范围"？
你是否将维持和扩大自己的"信用范围"？

资金

为了能够对人类的生成和发展做出贡献，企业也必须不断生成和发展。也就是说，企业必须经常进行新的研究、开发、设备投资，并使之成为一种体制，从而满足人们不断增长的需求。

这样的开发或者投资需要相应的资金。这个资金该如何来筹集呢？要是政府在推进的事业，就可以根据需要从税金中提取。民间企业是不可以的，这就要求企业自己来筹集。因此，一旦获得了利润，就必须储备适当的资金。

自问自答	企业获得了利润就要进行必要的储备。你知道是为了什么吗？

银行

我和住友银行的交易始于昭和二年（1927 年）。一开始进行交易，银行会从初次交易那天开始观察企业经营的状态。这是所有的银行都会做的事情。而我的经营状况符合银行的要求，所以贷款从最初的一万日元开始，到两万日元、三万日元，逐渐越来越多。当然，我们的收益也一直保持在平稳的状态。也就是说，贷给我们十万日元，和贷给一万日元的风险是一样的，没有任何额外的危险，因此额度就这样膨胀了起来。这不算什么，是非常平常的。

如果我们有什么特别的企图，这时候就很容易犯下错误。因为银行也不会进行充分的调查，所以银行很可能就会被拖下水，这是很糟糕的。从我们的经验来看，银行要是轻易给大家贷款的时候，大多数人就会面临危险。银行要是勉勉强强把钱贷给你，你反而会顺利发展。所以，在银行说"钱你拿去用"的时候，千万要相当地小心注意。即便是平生都不会出错的人，可以更多地使用银行多余的钱的时候，也会出现失败的情况。真心诚意按照自己的需求去借钱，如果能持续贷到 80%，这个人是最安全的。要是银行说"钱是少不了的"，你只要十亿却要贷给你二十亿，这样一来，这个人的心就会膨胀，所以必须多加注意和防范才好。这个问题的关键就是轻易获得钱财这件事情本身就是非常危险的。润滑油过多的话也是不行的，会有流失和浪费的危险。

> **自问自答**　和银行相处得很好的经营者，对银行的性质都会很了解。

股东

股东，对自己是公司的主人这件事必须有正确的认识和自觉性。我认为股东对经营者应该说的事情一定要说，应该要求的事情一定要提出来，要坚决维护这种主人翁的姿态。即使只是持有很少股份的小股东，也不仅仅是凭着股票来分红的，也要有成为公司的主人所具备的权威和见识，要对公司的经营者进行斥责和激励。而经营者也应该对此寄予很大期望。这样，经营者会更加认真地投入到公司的经营之中努力提高业绩，提高利润。将利润充分还给股东的这种心情也会变得更加强烈。

自问
自答

股东是公司的主人，也肩负着对经营者提出建设性意见的责任。经营者要认真地思考怎么才能将利润还给股东。股东和经营者之间是否能建立起圆满的关系呢？

价格

　　我开始自己制造东西做生意的时候，第一次去东京销售产品，我几乎跑遍了东京的批发商店，恳请他们："您这店能不能买点我们的产品呢？"并给他们看了我们的产品。有人问："这个多少钱？""十五钱。""十五钱？这是市场价。要是同样的价钱，我会买东京的。如果让我特意买大阪生产的，就要再便宜点儿。就十四钱，十三钱吧。"有批发商这么说。

　　虽然合乎常理，但是我认为市场是这个价格就应该按照这个价格来卖才对，所以我说："您别这么说，要是贵的话我会降价的，但是您看行情就是这样，您就买吧。"还是有人极力要求："你是第一次来这里，就要卖市场价，可不行，哪怕一钱也好，你还是要便宜的。"我觉得这也合情合理，就想着那就十四钱吧。然而，就在我思索着要不要便宜的时候，突然觉得这样做不行。当时，我有近二十名员工，都是些小伙计，听说我要来东京卖产品都出来送我。他们满是期待的眼神一下子就浮现在了我眼前。于是，我觉得这些是应该十五钱出售的产品，价钱不能只凭自己的感情来决定。这些产品是大家流淌着汗水制作出来的，他们付出的所有努力，不能只凭我自己的意志来决定。

　　于是，我强烈请求他们："老板，虽然您说得有些道理，但这些产品也是我们辛苦熬夜做出来的。其中一些刚入行的也在拼命努力做着产品，所以就请买一个吧！"在我的一再拜托下，他们最后还是买了。就这样，我转了七八家批发商，虽然他们买的数量都很少，但是产品全卖完了。

自问自答	你是否深切感受到了员工那份汗水的可贵？ 员工的汗水是否都变成了你的力量？

降价

我在前年年底见到了丰田汽车社长石田退三。我也有些丰田的股票，在出席大股东会议的时候，听到了大家的很多议论。"松下先生，这次，我这里要降价！""现在，有降价的必要吗？"大家都在说："一旦降价一个季度的收入就要减少八亿日元左右。现在正是畅销的时候，却硬是要降价。"所以我就询问道："这是为什么呢？"

石田先生告诉我："现在，只是考虑销售的话，是没有必要降价。但是，不久日本就会变成自由贸易国，必须和外国的商品竞争，我在考虑的是这个事情。现在和外国商品相比我们的价格还是非常高的。在国内，因为大家都受到了保护所以很畅销，如果成了自由贸易国，外国商品就会不断进来，到那个时候，究竟会怎么样呢？这么一想，就要趁现在有利润，还能不断销售的时候，逐渐把价格降下来。到时候，不管何时解禁外国商品的输入，我们都不至于很狼狈，所以从现在开始就要进入准备状态。"这让我非常感动并且深有感触。

为了能够降价，他们做了非常多的努力，制造水平上了一层楼。降价造成的八亿日元左右的损失，今天已经得到了弥补。"即使价格便宜，但利润又恢复了原状，所以还要继续降价。要经过多次这样的反复，才能和世界上的汽车厂家价格一致。这个必须成功，否则就没有出路。"石田先生非常坚定地对我们这些股东说了这样的话。我觉得他真是一个贤明的经营者，我自然也表达了敬意。我认为，这不只是一个丰田汽车，也是全国所有厂家都应该具有的态度，难道不是这样吗？

> 自问
> 自答
> 为将来着想的降价和单纯的降价不同。
> 你们公司是否已经做到了积极合理的降价？

任何一个公司都是这样，凡是在研究和开发部门工作的人，都是人们常说的非常厉害的人。他们通过研究、开发，才能制造出一个商品。这个商品从一开始就注定是能够销售的商品。如果我们用围棋或日本将棋来比喻的话，可以说，它已经具备了初段资格。一旦成为一个合格的商品，就可以销售了。

问题在于，是不是能够销售出去，我们就可以认为是做成了生意，事情到此为止就可以了吗？现在这种认为到此为止就可以的好像比较多。而我想再次强调的是，不要认为只要能销售就可以。为什么我们不去思考把初段的东西变成二段的，进而把它变成三段、四段，直到把它打造成围棋的最高段位"名人"？我认为这是我们必须不断思考的问题。

我不知道我们是否能将所有的商品都做到"名人"这个阶段。一般来说，如果制作了十个初段商品的话，其中有的升到二段就会消失，有的是到了三段会消失，我希望其中至少会有一个商品能作为"名人"永远地保留下来。我希望我们大家都能够拥有这样的想法和做事的姿态。

**自问
自答**　制造方要制造出"初段产品"。
卖方要思考如何将其变成"知名商品"。
这要求彼此发挥作用，互相成就才行。

分散能力

一般来说，人的能力都是有限的，一个人要是兼顾多方面的工作，能力就会分散，难以做到精致，无法达到高度专业的程度。比如，电风扇制造厂，如果有多类产品，就要减少种类。一个部门不要平行制作多种产品，我希望它能进行专门化生产。虽然实现这个目标也许会花费相当长的时间，但是我希望能够按照顺序进行彻底的细分。

我跟灯具制造所的负责人后藤清一进行了交流，要求他放弃生产多种类产品的策略，深入研发探照灯、小型灯泡这两种产品。他说："我还想研发其他东西呢。"于是，我很认真地告诉他："把这些停下吧，研发是好事，但现在我希望就停留在这两种产品上。我希望你把它们制造成世界级的商品。我希望大家全力以赴于一种产品，负责镀金的人，考虑怎么让产品拥有永久的光泽，要在设备操作上想办法、下功夫；制作盒子的人，就专注于提高美观度和功能，不断深入探讨压延绞金法，制作出从任何一个角度看都符合世界最高水准的精良产品。即使种类只有十分之一，只要它具有世人所喜爱的优秀性能，就能获得很高的利润，会远远超过目前的生产总额。我们只用一盏探照灯就能获得这个效果，难道不是很了不起吗？"于是，他说："我明白您的意思了。"

我相信他现在在经营的时候已经意识到了这一点。理想地推进复杂的机构是极其困难的工作，我目前所说的，是普通人力所能及，不需要任何特殊才能就能做到的事情。我想在这点上做到极致。

> **自问自答** 即使团队的人并不具有特殊的才能，也有自己的成功之道。为了最大限度发挥普通人的能力，就要凝聚人力和物力专注地制造高水准的商品。在这一点上，公司做得怎么样呢？

战斗力

我曾经接受一个中小企业的经营者提问。

"在一个不太大的公司，只要有一个水平低的人，就会对全体产生影响。这成了让人头痛的根源。这种情况，应该怎么办呢？是花大量时间去培养他呢，还是考虑创建一个任何人来干都不受影响的工作机制比较好呢……"

"这两者都需要吧。如果非要做出选择的话，还是后者比较好吧。"当时，我是这样回答的。之所以这样说，是因为我认为从个人体验来说，在用人的时候，要牢牢地把握以下两点，它非常重要。

如果你有十名员工，其中就会有一个人总持反对意见，妨碍事情的发展。他的存在不能加分，还会减分，你认为当初就不该雇用他。会有大概两个人是可有可无的。总之，如果要有十人，其中就会有三个人，对于提高公司的战斗力来说并没有什么帮助。尽管如此，公司还是要带着这些人发展下去。我认为有必要从最初就要做好这样的思想准备。

如果是拥有二十人左右的公司，就大概有两个人总给你添乱，带来负面影响。姑且不论这是不是怀有恶意的捣乱，从结果来看的确会妨碍工作的进展。如果你没有事先做好这样的思想准备就去搞经营或者做生意的话，不知不觉你就会发牢骚，继而丧失工作热情。

自问 自答	经营组织的时候，十个人中会有三个人无法成为战斗力。你是否做好了这样的思想准备？

公司在拓宽业务、壮大规模的时候，要求经营者准确掌握包括公司技术力量、资金能力、销售能力在内的公司的综合实力，并在其力量范围内进行运营。在这种情况下，经营者要清楚地了解包括自己在内的经营团队的经营力情况。这是至关重要的。

多年以来，我见到过许许多多的客户。其中，有些人最初经营非常顺利，但是随着业务的扩大，就出现了成果不佳的情况。这时，就应该果断地把生意分成两个部分，原来的经营者来照看其中的一个部分，另一部分通过选择适当的领导干部，实行全面委托经营。这样一来，很多时候两者都会得到顺利的发展。

回过头来详细分析，我们就会发现这是经营者经营能力的问题。经营者具有足够管理五十多个人的能力，可是随着事业的发展，到了需要用一百多个人的时候，经营者的能力就显得不足了，所以业绩难以提高。因此，只要把公司分成两个部分，让他管理其中的一个，他在自己的能力范围内就能做得很好。公司的工作应该也会再次步入顺利发展的正轨。

当然，实际上有的时候很难把公司分成两个部分。在这种情况下，公司本身作为一个整体原样不变，我们可以将部门划分开来，在各个部门的运营方面给负责人大幅度的权限，就像独立的公司一样。以这种实际状态来发展，也是一种方法。

> **自问自答**　　每个经营者在经营上都会有自己的能力范围。掌握"经营力"本质的经营者，才是真正的经营者。

　　我平日很留意不要把事物看得很难、很复杂，换句话说，就是要尽可能简单地去看事物。

　　为什么呢？举个例子来说，如果是谈判，我就会在没有任何讨价还价策略的情况下，直接去面对。也就是说，价格是十的东西就是十，是五的东西就是五，我会如实向对方说明，而不是将价值五的东西，一开始说六，后来又让一步谈到五。我不采用这样的手法。

　　当然，就谈判的技巧或者技术来说，价值五的东西先说是六，在之后的交涉中再确定为五的话，谈判还是高效一些。但我认为这种做法会将事情变复杂。所以，我都是以"价格是五就是五"的方法来应对。总之，我是想让对方看到自己真实的样子，以此为前提来谈判。

　　用这种方法，交易有很顺利的时候，也有并不顺利的时候。要说哪种情况会更多一些，还是顺利的情况要多。从我的体验来看，进展顺利的情况大概是 60%，不顺利的情况有40%。我认为采取有 60% 成功率的做法就可以了，就足够了。这就是我的做事方式。

自问自答	你是否有自己的谈判方法？

事情是这样的，有一个公司或者说是一个事业部，在经营管理上一直都不怎么顺利。它的领导五十岁左右、富有经验，也相当地老练。尽管如此，就在最近又出现了一个新的不顺利的状况。机缘巧合，换了一个新人来负责他的工作。新人是一个四十岁左右的年轻人，也就是掌握新知识的人，或者说是燃烧着经营信念的人。不久，我们都眼看着这个公司发生了很大的变化，竟然越办越好，那个事业部也越来越好。这让人感到不可思议，甚至都怀疑自己是不是看错了。这是我的亲身经历。

这个部门和这个公司的业绩，凭借着这个年轻的领导发挥他的才能而发生了彻底的改变。实际上，这就是实力的差距。当然，我们不能说年轻人因为年轻，就没有这样的实力，也不能说因为他还年轻所以才有这个实力。同样，有些积累了经验的上了年纪的人，也不能说就一定拥有实力。这正是让人感到非常有趣的地方。

居于最高职位的话，自然是要靠经验来说话的。对一个刚进公司三个月或四个月的新人来说，做上这个职位的确是不可能的事情。经过十年、二十年，当这个人到了四十岁左右的时候，如果他具有这样的素质，也做好了相应的思想准备或者具有强烈的经营信念，那么他就能胜任十二分的工作了。再加上他体力也还没有衰退，所以我们可以期待他取得极具划时代意义的成果。

> **自问** 要有良好的素质和强烈的经营信念。
> **自答** 要做上最高的职位，我们还需要什么呢？

量力而为

从我的经验来看，我认为招聘来的新员工的能力应该符合公司的真实状况。员工过于优秀，有时候也会带来麻烦。与其让这些优秀的人才觉得这家公司这么无趣，不如招聘那些认可公司，觉得这家公司不错的人来工作。这样岂不是更加难能可贵？希望大家心里清楚，按照自己的能力行事的公司只要招到适合自己的人才就可以了，招来过于优秀的人，有时候反而会适得其反。

自问 自答	你要了解公司的实力，根据实力来招聘相匹配的人才。 是否过多招聘了个人能力居公司实力之上的人才？

"不断推进信息化的进程"，在今后的时代里是必然的趋势。但是，无论你如何收集信息，要是没有与其相对应的经营力，这个信息就没有任何意义。有些时候，它也可能并不是我们所说的信息化，而会变成类似的信息灾难。

自问
自答　　你是否具有将信息转变为喜讯的经营力？

觉醒机制

在经营事业上，公司规模小的时候，重点自然就要放在制造和销售上。随着公司规模的扩大，虽然制造和销售也非常重要，但是人事和财务就会变得更为重要。只要会计部门把财务和账目管理处理得比较到位，通过财务报表，我们不仅能发现财务部门内部存在的问题，而且能使制造部门和销售部门提高警醒。譬如，从财务报表收益的内容来看，就会有各种不同的情况，同样是利润的提高，我们也要思考这种提高利润的方法到底如何，对于公司来说是否适合。还有，按说这样的提高方式，正常应该提高三倍左右，却只提高了一半，原因究竟在哪里？很多负责人会认为利润已经提高到了相当高的程度，这就很好了，就可以了，并不去认真地深入思考。这样满足于已经获得的利润的情况比比皆是。

这就是看法不同造成的。原本公司可以获得一亿日元利润，实际只赚了五千万日元，从结果来看，这就等于损失了五千万日元。所以公司一定要有一个机制是能促使公司觉醒的。如果会计部门不从实际的数字上来讲这个事情，而董事会也不说，就无法维持和保障公司健全的运营。我认为这是我们事业发展的基础。

| 自问自答 | 不尽全力，就难以获得应有的利润。
如何才能贯彻"等同于损失"这种想法呢？
董事们是否已经意识到了这个问题，会计和监察部门呢？ |

工资全额上缴

在年初，我决心做一个不迟到不缺勤的表率。一月四日早晨，我从阪急梅田站下车，由于约好来接我的汽车一直没来，我就上了电车。就在马上要发车的时候，我看到接我的车来了，所以就匆忙跳下电车坐上汽车，急忙赶往公司，可还是迟到了十分钟，没赶上上班时间。在这个非常有意义的复兴之年的年初，本想亲身做好"贯彻到底"的表率，没想到开头就遭受了挫折。一问原因，才知道并非不可抗力而是司机粗心大意延误了出车的时间。对等待着的诸位员工和公司，我真的是十分抱歉。我深切地感受到，我必须承担这个责任。因此，我命令八个负责人减薪一个月。而我作为社长，由于监督不利，要将当月薪水全额上缴。在早会上，我做了上述发言并致歉。

我认为只有意识到自己的责任，才能完成好工作。希望大家能够通过承担责任，恢复传统的劳动热情。希望大家对承担责任和赏罚分明能有更加清晰明确的理解。

自问自答	一定会有不得不将自己的工资全额上缴的时候。你有敢于果断承担责任的勇气吗？

生产减半

昭和四年（1929 年），日本的经济状况和现在的大萧条有些相似。当时，松下电器的营业员有一百来个，制造工人不到四百个。每天只要一看新闻，就是在说哪里的银行又破产了。你正想着公司对面的银行破产的事情，第二天早晨的新闻就又出现了另一个银行破产的消息。就像捅破了马蜂窝一样，出现了很大的混乱。而就在这个时候，我们公司的产品也出现了滞销的情况，公司状况非常糟糕，基本上到了无计可施的地步。那个时候，我就想："怎么才能闯过这个难关呢？是减一半员工，还是再贷款继续工作，只能选其一。"贷款是绝对不行，因为银行在不停地倒闭，不再向外贷款。这样一来，就必须减产。生产量一减少，人员就会多余，我平生第一次碰到了这样的难题。

那个时候，得出的结论是：将生产减半，把资金腾出来。好不容易才聚集起来的从业人员就算减少一个，也实在是于心不忍。所以，我决定让工厂员工半天工作，半天休息。但是发放全额工资，让大家等待时机。这样，多少能缓解资金上的困境。

店员，就是我们现在说的营业人员，不能休息，没有星期天和休息日。因为就是要大家全力以赴地销售产品。全体店员工都说："这是好事。我们就不休息了，礼拜天也去销售。"于是，我们加大马力，两个月的时间，库房里塞得满满的库存商品都被销售出去了。工厂的生产也恢复正常了。我们终于闯过了难关。

自问 自答	不论遇到什么难关，减少人手都会令人感到万分遗憾。唯独这个念头，是我不能妥协、不愿忘记的个人理念。

危险

战国时代，有一位名叫武田胜赖的武将。和其他武将有所不同，此人不仅非常神武，还是一个实业家，属于那个时代的精英分子。但是，他不知道大炮的可怕。因此，在和织田信长的长筱之战中，只是莽撞地把队伍向前推进。因为他发出了前进的号令，所有的勇将都中炮身亡了。胜赖如果稍微安分一些，做一个平凡的人，就不会发动那样的战斗了，自己的领土是不是也不会遭到摧毁了呢？

在现在的公司里，是不是也有不少像胜赖这样的经营者呢？基于六十多年的经营经验，我虽不是有意但是亲眼见证了一些企业是如何繁荣昌盛起来的，又是如何关门倒闭的。如果我要是觉得"这个店有危险啊"，那么它最后的结果就和我想的一样。

比如，一个有三百人的公司，社长和对社长忠心的总经理都希望公司的规模能够进一步扩大。但事与愿违，颇具讽刺意味的是往往社长和总经理会成为阻碍公司发展的人。经常有人说，工会会摧毁公司。实际上，不论工会做什么，都很少会使公司破产。工会也不会要求公司把工资一下就提高两倍或三倍。而如果社长在估价上稍微犯错，企业有可能一下子损失百亿日元。事情就是这么简单。所以，对于公司来说，最危险的人无疑就是公司的社长。

| 自问自答 | 摧毁公司的往往是公司的经营者。 |

繁荣

佛教有句话叫"一人出家，九族升天"。也就是说，要是有一个人出家的话，会福及父母和兄弟，甚至会福佑整个家门，都进入极乐世界。这和我要说的事情也许会有不同。但是，如果一个人站在了一个适当的位置，整个集团就会繁荣向上，这是毫无疑问的事实。

在日本，人事任用制度采用论资排辈的方式比较多。而我认为，论资排辈作为一种制度有它令人难以舍弃的优越性，所以我们没有必要全面排斥。但在充分发挥其优点的同时，不能埋没了出众的人才。

以前，有一家公司在走投无路的时候，曾经来委托我们经营。因为我们两个公司之间有一些交情，所以我就接受了委托，决定让一个不到四十岁的年轻人来负责公司的经营管理。令人惊喜的是，这家公司以此为转机发生了巨大的、令人难以相信的变化，发展得越来越好。这样一个长年持续亏损没有分红的公司，不仅产品的质量提升了，而且利润也提高了，即使两次增资也都做到了不断增加分红。

| 自问自答 | 只要把合适的人才放在合适的位置上，公司就会走向繁荣。人，是非常重要的存在。 |

下雨就要打伞

谁都知道下雨了要打伞。不打伞任由雨淋，如果不是特别奇怪的人是不会这么做的。一说到经营或者做生意，不知为什么大家很难把它当作理所当然的事情。经常有人被私心束缚导致判断失误，以致出现不打伞任由雨淋的情况。

比如，我们经常能看到有的公司为了不在激烈的竞争中输掉，会将一百日元采购的东西以九十五日元的价格出售，或者在回款上留下余地，一方面按照对方的要求延迟回款日期，另一方面又从其他地方筹集新的资金填补空缺，等等。诸如此类的事情如果经常发生的话企业是无法获得成功的。企业为了获得利润，一定要以超出进价的价格来销售商品。你在借钱之前，先要把全部精力投入到回收款项上去。这才是真正的出路。如果还是需要资金，这个时候才应该向别人借钱。这才是下雨打伞，顺应自然天理的姿态。

这个理所当然的事情要用语言表达极为简单。适时适当地做好这种极其简单、理所当然的事情，就是做生意和经营的秘诀，难道不是吗？

自问自答	在生活和工作中，下雨的时候你是否会打伞？ 你是否能未雨绸缪，在快要下雨的时候就准备好了伞？

9 月

成为经营者

三年一返还的觉悟

不论是纵观历史，还是从我们业界的现状来看，往往在获胜之后大家就会掉以轻心。经济发展一旦连续三年形势良好，很多企业就会进行没有必要的扩张，做出一些可能会导致企业衰败的事情。

最近这段时间，我也会对老客户说这样的话：

"大家都在拼命地工作。但是，今年经济前景非常惨淡。因此，大家都在烦恼。我认为这是一个值得思考的问题。我们大前年赚了，前年赚了，去年也赚了，今年要是也能赚的话，那自然再好不过了。但实际并非如此，换句话说，如果赚了三年，接下来的这一年还赚，那可就不容易了。如果连续三年都赚到钱了，那就要返还一年的赢利。有这样的思想准备再去做事情会比较好。只要我们有了这样的度量，遇到特殊情况也没有什么可怕的了。你想想看，就算我们返还了一年的赢利，还剩下两年的。尺蠖前进两寸便要后退一寸，这对我们来说是件好事。就是说，赚了三年，第四年还赚，就像尺蠖伸长了身体往前爬，最后却缩不回来了一样，是将死之时才会发生的。是死掉好呢，还是返还一年的赢利活下来好？肯定是暂且损失一点更好。这个时候你必须考虑到第二年会赢利，再下一年也会赢利。

"这样一想就可以消除很多烦恼，就不会慌张，可以从容地做事，也会积累经营智慧。也许个别企业会有连续四年赚钱的情况。但是，我们要知道这相当困难，所以我们做事情要像尺蠖一样，必须有三年一返还的觉悟。"

自问自答	前进一点，就要后退一点；赚了一点，就要返还一点。要有这样的觉悟，并铭记于心。

背负不安

我认为，现在的经营者，要有超越古代武士的觉悟。大家应该有这样一种意识：我们的工作就像在走钢丝绳，一不小心，自己的生命就会直面死亡，企业也会濒临破产。

如果悠闲自得地做着工作，就算冠有经营者之名，也不能称之为真正的经营者。即便是在酒场上欢笑闹腾，我们也要清楚地认识到自己背负着风险，意识到肩负着责任。我认为当你意识到这一点的时候，就要好好地喝一杯，享受美酒。能意识到自己的责任是件好事，但因此忧虑得茶酒无味，饭菜不香，也是不应该的。

公司有一万名员工，社长就要背负一万人的忧虑，所以难眠是常有之事。夜晚难以入眠自然会很痛苦，很难受。而承担这份辛苦正是社长存在的价值。哪里会有不用费心、休闲自得就能管理好的公司！夜不能寐、烦恼不已的姿态才是社长应有的样子，而社长的价值就体现在这里。我们要呼吁，今天的经营者们必须站在这一点上来考虑问题。

| 自问
自答 | 你是否能肩负起所有员工的不安和忧愁？
你是否感受到了这就是你的人生价值和意义？ |

有人总会制造一些麻烦，给大家带来困扰，多少也会拖大家的后腿，所以我们开展工作的时候，最初就要接受这一现实，同时，做好心理准备。

要在具有这种觉悟的前提下，亲自示范该如何做。比如，上班要比任何人都去得早，结束得晚。经营者亲自示范是最重要的。与其花费过多的心思思考"那样做会成这样，这样做的话，员工会如何行动"，不如自己先专心致志地工作。

当你一心一意投入工作时，周围的人不会只是旁观。看到你一心一意工作的姿态，大家自然就会有所感悟，受到感染，即使不说什么，也会默默地伸出协助之手。从我经营小企业、中型企业和大型企业的经验来看，领导的率先垂范最为关键，这一点适用于各个企业。

具体的方式，自然会根据企业不同而有所不同，但是经营者必须清楚地认识到自己的职责，专心致志地工作。同时，注意无须刻意逞强，只要表现出真实的状态就好。人们看到你真诚努力的样子，就会有回应。我就是这么想的。

自问
自答　　为了调动员工的积极性，你是否在一些事情上花费了过多的心思？与其如此，不如率先垂范，一心一意。你的工作状态、真实的状态，人们都在看着，也一定会看到。

起初的构想和讲在前面的话

我只需要把要说的话讲出来，剩下的都交给员工去做。要说很轻松的话，的确没有比这更轻松的事情了。重点是，要在最开始的时候，把要讲的话说出来，换句话说，就是要有"说在前面的话"。全员领悟了这些话，就会在各自的职责范围内去思考和开展具体的工作。这样一来，过了一年或五年之后，工作就变成了我们最初构想的样子。

所以，经营者、领导者，必须有说在前面的话。换句话说，就是要有一个自己的构想，把目标展示给大家看。之后将具体的事情交由大家来考虑就可以了。最初的构想，必须亲自完成才可以。

自问
自答 你必须先有"说在前头的话"，这是要你亲自完成的最初的构想。你是否就连最初的构想也抛给了下属？

怀抱梦想

在我当社长的时候，每次一有机会，我都会和员工们聊公司几年后要发展成什么规模。比如，在昭和三十年（1955年），公司发布了面向未来的五年规划。

当时，几乎没有企业会这样做。这一规划虽然是在公司内部发布的，但也会流传到社会上，这样一来难免产生一些负面影响。所以，从经营的角度来说，这不是一件好事。

之所以坚持这么做，是因为我认为通过这种用数字展示的形式，大部分员工就会清楚地知道"五年后公司的生产会达到何种程度，员工数量要达到多少"。知道了公司未来的计划，大家就能做好必要的心理准备，然后按照计划工作。当然，这样究竟能达到何种效果，我们无法一概而论。另外，也会有将自己公司内部的消息暴露给竞争对手的负面影响。就在知道可能带来一些不良影响的前提下，我们还是公布了五年规划。这是基于两点原因：一，让员工拥有坚定的目标和梦想；二，我相信这是经营者的正确之道。

自问
自答
你是否描绘出了可以公开谈论的梦想？
你是否能和员工共享这个梦想？

　　就算你有宏伟的经营理念，而实际的经营活动却十年如一日，一成不变的话，企业最终很难有所突破。即使是一个产品，在如今这个时代也需要不断地推陈出新。所以，在拥有正确经营理念的同时，还要与时俱进，日日更新具体经营方针和策略。正因为有了这种与时俱进的"日日新"，正确的经营理念才真正拥有了永恒的生命。

劳神费心

有一个社长曾这样向我诉说他的窘迫："最近生意不怎么令人满意，赚不到钱，我感到很苦恼。有没有什么解决的办法呢？"他是松下电器代理店的店长，从他父亲那一代就开始代理松下的电器产品，已经有四十年了。这个常年都在销售我们产品的优秀的社长，却跟我说赚不到什么钱。我觉得这事真是太糟糕了，感觉真对不住他们。日本经济正处在极为艰难的时期，做生意也变得愈发困难。代理商的经营状况不好，利润上不去，我觉得这是非常令人遗憾的事情。

因此，我就试着询问了一下："你继承你父亲这个店，已经有二十多年了，现在也有四五十名员工了。我能理解你的心情，在这种不景气的状况下，没有赢利，也是合乎情理的。我想问，你曾有过小便泛红的经历吗？"

为什么我突然提出了这个问题呢？我是猛然想起了自己还是学徒的时候，从老板那里经常会听到的话。他经常说："做生意其实是非常艰难、严肃的事情。可以说，就和认真地进行比赛一样。一旦遇到重大的令人担心的事情，如何才能渡过这个难关呢？左思右想，整晚整晚地睡不着觉，这种劳神费心的状态是在所难免的。极度担心，反复思考，过度劳累，小便就会和血混在一起而发红。痛苦到这种程度，才会知道该怎么办，内心才会平静，也就会找到新的希望，会发现前进的道路。虽然也许有点夸张，但要成为一名合格的商人，需要有两三次这种小便泛红的经历。"现在想来，这一经验绝不仅仅适用于商人。

| 自问自答 | 历尽辛劳，饱受苦难，才能看见答案。
人的心平静，才能看到新的光芒。
要有这样的信念，坚持进行这场比赛。 |

遵从与引导

人在按照自己的想法行事的时候，最能感受到喜悦。再加上个人的创意，工作的效率自然提高得很快。

所以，我在经营企业的时候，很尊重员工的自主性，尽可能做到在他们努力工作的时候不去打扰他们。这样的话，是不是就不用提醒他们什么了呢？并非如此。作为负责人应该说的事情我还是会说。这个时候，为了不给他们的热情和积极性泼冷水，我会尽量注意自己的说话方式。

在拜托别人，或让别人做什么的时候，为了不让对方丧失干劲，就要遵从对方的自主性，并给予适当的引导。虽然这是非常难做到的，但非常重要，不是吗？

自问自答	员工没有干劲，工作就没有成效。 要在遵从员工的自主性的同时，引导员工取得成果。 这样老练成熟的行动，我们能够做到何种程度？

9月9日　　经营是鲜活的综合艺术

我们有一个新事业的构想，然后制定计划。在此基础上，去筹措资金，筹建工厂然后引进其他设施，吸引人才，开发产品，生产产品，供人们使用。这个过程就如同画家在画画一样，是一个连续创造的过程。从形态上看，也许只是单纯在制作东西，但在整个过程中都活跃着经营者的精神。从这个意义上来说，经营者的工作与画家等艺术家的创造如出一辙，因此，经营的确堪称一种艺术。

经营企业会涉及各种复杂的领域。就单从一个领域来看也涉及各种各样的内容。企业中有进行研究开发的部门，有以此为基础进行制造的部门，有成品销售的部门，或者采购原材料的部门，还有会计、人事等职能部门。在这样的经营活动中，每一个领域都在开展创造性的活动。另外，将这些进行统合调整的全方位经营就又是一个更大的创造活动。

这样来看的话，经营即便说是艺术，也不像绘画和雕刻那样是相对独立的，它更像是既含有绘画也含有雕刻，既含有音乐也含有文学，包罗了各个领域的一门综合艺术。另外，影响经营的社会形势、经济形势时刻都在发生变化，大家需要及时应对这些变化，并且要领先一步采取措施。所以，它不像是绘画，画完之后就可以了，经营活动和绘画的趣味有所不同。经营没有终点，它是不断生成发展的事物，其过程本身就是一件艺术作品。从这个意义上来看，经营是一门鲜活的综合艺术。

获得经营诀窍

我认为从事经营活动，要有一种心理准备，就是拥有一颗素直心。换句话说，就是不被自身的利害关系、感情、欲望这些东西束缚，时常让自己保持一颗素直心。如此一来，在听取别人意见的时候，就会极其自然地说出："是吗？那我就试一试吧。"但是，一旦了解了一点学问，掌握了一星半点的知识或技术，很多人往往就会被束缚，很难坦诚地听取别人的意见。因此，需要花费一定的时间才能领悟经营的诀窍。这样的情况并不少见。

我从很早以前就开始对人们讲述素直心的重要性，同时也说给自己听，我也在努力提升素直心。如果我们随时随地都能够保持拥有一颗素直心，那么就能看得到事情的本质和事物的真实面貌，会变得更加坚强、聪明。

这样一来，我们在做生意或从事经营活动的时候就能准确地抓住关键点，也能够就如何才能更好地发挥人的作用做出及时正确的判断。这就是掌握了经营诀窍之后的状态。所以，拥有一颗素直心有助于获得经营诀窍，这种说法绝非言过其实。

自问自答	你是否掌握了获得经营诀窍的技巧？ 你的素直心是否得到了提升？

不断反省

要说"经营的诀窍在什么地方，如何才能抓住它"，这的确很难形容，也无法教授。虽然我们可以学习经营学，但是鲜活的经营诀窍，并不是让谁来教你就能掌握的这么简单的东西。这其实要靠个人的悟性。

释迦牟尼曾在山上闭关修行六年，却始终没有了悟。因此，他放弃了苦行准备下山，在山下被一名牧羊女所救。据说，他是喝了牧羊女递上的山羊奶，在菩提树下稍事休息的时候，突然顿悟的。就是说，他是在闭关修行之后，身处安乐而凝神思考的时候，突然领悟了佛教的真谛。我认为这和掌握经营的诀窍是同样的道理。

经营者在努力地做好每一个具体工作的同时，需要不断地反省，追问："那个时候，这个是成功的啊。"或是："虽然是成功了，但是这个地方还不完善。"最后要能达到不知不觉地去思考去反省的境界。如果我们能够每时每刻都在不断反思，渐渐地就不会再犯错误了。换句话说，你已经明白了什么是经营的诀窍。

自问自答	每天都要三省吾身。 我们要不断反省，直到自己能无意识地反省。

公司的招牌

在这三十多年里，我习惯性地每十天或两周就安排时间去理发。有人也许会觉得："太频繁了！"其中有一个机缘，或者说原因。

三十多年前，我去东京银座的一个理发店理发。店里有一个三十七八岁的店员，他在给我理发时对我说："在我看来，松下先生您应该更加珍惜自己的头发，必须经常自己研究一下，看看自己剪什么样的发型更好，适合什么样的发型。"

他接着说："虽然松下先生的公司在银座的四丁目有一座雄伟的霓虹灯广告塔，但松下先生您这发型是比那更重要的招牌。为了让顾客在看到您的发型之后，不会丧失购买贵公司产品的兴趣，您必须经常充分护理保养……"

在那之前，我几乎是完全不在意发型的。对店员的这个忠告我却深感服气，觉得："真是他说的这样。"从那以后，我去东京的时候就会去这个店，在大阪的时候，就会常去它的分店，即使在有些繁忙的时候，也会注意不要疏忽对头发的护理和保养。

自问自答	发型、着装，都会成为公司的招牌。

低下头

　　人啊，真是不可思议。一旦从心里不喜欢一个人，即便他是一个有优点的人，你也很难坦诚地承认这点。不知不觉就会揪着他的缺点，认定"这家伙还是不行"。大家都会有这样的一面，我认为经营者必须在这一点上进行自戒。

　　身为经营者，我总是不厌其烦地告诫自己，不能被私情驱使。不能根据个人的感情和喜好来用人，要看这个人对工作是否会有帮助。虽然他工作做得还可以，但我从心里不喜欢这家伙就不用他。这是不行的。既然是经营者，就算心里不喜欢，为了工作就必须闭上眼睛。"如果缺少了这个人，这项工作就无法进行了"，你要抱着这样的想法，低下头对他说："拜托你了！你来干吧！"如果不做到这种地步，就称不上是真正的经营者。这样想来，我始终坚持做到了光明正大。虽然这么说自己有些难为情，但至少我一直都在努力那样做。

自问
自答　　戒掉源于私情的臆想！
　　　　贯彻正大光明的理念！

苦差事

这是我自身的经历。我也曾深切地感受到用人是一件非常劳心费神的事情。一直以来，日本的封建思想都还相当严重，因为我是社长又是创业者，所以大家当时都会对我说的话洗耳恭听。但是随着所谓民主化的发展，情况就突然发生了转变。工人运动迅速高涨，我也能看到一些人的行为非常过激。在我的公司里，也能看到许多劳动组合的人聚集在走廊咚咚地用踩踏来制造混乱，气势很高。看着他们的身影，我深深感到果真像人所说的，"用人真是个苦差事啊"！

也就在这个时候，我突然意识到："原来如此，一想到自己在使用别人，这一定会很辛苦。如果换个想法'这些人不都是自己的客户吗'，若是客户，就必须好好珍惜。凡是客户都会有些不讲理的地方。所以你不能认为这个不讲理就是不合理，要说着谢谢，让对方买我们的东西，才是做生意之道。所以，如果把员工和工会人员当作老主顾的话，我们就必须听他们一些不合理的要求，甚至应该心存感激。"

这么一想，就觉得好像没有那么辛苦了。如果考虑到是自己在使用人，就会觉得："不听我的话，真是太不像话了。总是反对我，真让人受不了。"如果你把他想成是自己的客户，就不会那么介意了。这么想，就好像得到了某种安慰似的。在那之后，虽然还有一些个别的特殊情况，但是好像再也没有了特别辛苦的感觉。我就这么一路走了过来。

自问 自答	用人，的确是个苦差事。 虽说如此，感受也会根据想法的不同而发生改变。

过去，日本有这样一句话"头不摆则尾不摇"。如果我们想让一百多个人都紧张起来，努力取得巨大的成果，就要让周围的人觉得我们的行动是处于让人同情的境地，让他们觉得"这个人真是可怜"。

如果员工们觉得，"我们的社长在拼命地工作，他很可怜"，那么全体员工就会团结一致来工作吧？否则，大家只会按照你工作的强度来工作。我就是这么想的。人就是这样的一种存在。

所以，绝对没有一本万利的事情。自己叼着香烟在玩，却让别人去工作，自然不会有人干。（笑）我工作的时候就是这么想的。

还有一点，那就是我们一定要懂得劳动的价值。当看到自己雇用的人做得确实不错，让人叹服，我们自然就会觉得自己也不能马虎大意。而我们之所以会有这样的想法，是因为我们被对方的行为感染而产生了一种"自己应该更加努力"的心态。这样，我们就会建立起积极向上的人际关系。而正是凭借这样的人际关系，才能实现我们的愿望。

| 自问自答 | 不是你命令员工去干活，他就会去干的。
要让员工感受到劳动价值，必须自己先感受到劳动价值。 |

据说，亲鸾圣人为了自己的儿子也曾操劳不已，费尽了心思。然而孩子不仅出了很多问题，甚至还四处宣扬父亲的教诲是错误的。不是别人，而是自己的长子做出了这样的事情。这对于亲鸾圣人，该是多么痛苦的事情啊！他叹息不已，却还是默默地忍耐着。

要是我们这些凡人遇到这样的事情，更会无法释然。话说回来，在用人的时候，我觉得无论如何也不可能只靠优秀的人来完成工作。

这就如同我们的身体一样，身体不会一年四季都是健康的状态。现实中，会有很多胃不好、血压高等身体的哪个部位感到不舒服的情况。如果这是一时的，马上就能治好，那就再好不过了。在无法简单治愈的时候，就不要勉强。为了避免病情恶化或复发，只能是在工作的时候多加注意。

自问自答	组织内部实力不足的员工，就像身体上的疾病一样，需要我们在使用该部位的时候多加留心。大家一定要谨记，除此之外并没有其他好的办法。

年功序列和提拔

年功序列，也是有好处的。比如，年长的人虽然在智力和体力方面不如年轻人，但积累了相应的经验，而这些经验也会成为一种力量。另外，就是在论资排辈的风潮中，年轻人容易对年长者表示敬意并支持，所以这会有助于集思广益，让整个活动进行得比较容易也比较顺利。

从这点来看，年功序列有它积极的作用。可以考虑通过灵活使用这一制度，任用自己觉得合适的人才。我们的讨论如果就此结束的话，就会陷入"消极主义"，难以营造积极活跃的经营模式。我认为适当的提拔也是必要的。

具体应该如何去做，要根据各个企业的实际状况以及当时的具体情况来决定，不能一概而论。就我自身而言，我是大概按照年功序列占 70%、提拔占 30% 这样一个比率来操作的。相反，如果年功序列占 30%、提拔占 70% 的话，我觉得这会非常有意思。但是按照这样的方式来用人的话，就像刚才我所说的，必须从小学教育开始就做根本性的改变。虽然从时代的发展来看，我觉得会逐渐变成这样的一个比例，目前还是有些超前。在日本现在的经营中，我认为以年功序列为主，适当地配合提拔，是比较合理的。

自问
自答
公司的人事提拔是怎样的一个比率？
这个比率是否妥当？

合掌叩拜的心境

如果是员工很少、规模较小的公司和商店的经营者，自己率先垂范，然后一边命令下属"做这个，做那个"，一边安排工作，大概也能取得成果。

公司或商店有一百人或一千人的话，这样的做法就未必会受到大家的欢迎了。我认为，在有成百上千的从业人员的地方，虽然工作的内容和种类会有所不同，但是大体上，这种率先垂范，命令别人"做这，做那"的做法不太招人喜欢。

不管是以什么形式和如何表达，在内心深处一定要抱有一种"请这样做，请那样做"的心情才行。否则，就不可能保证所有的人都能更加努力地工作。

如果人数变成了一万、两万，我认为只是说"请这样做，请那样做"是不够的。心底里还要有"全靠大家了，拜托了"这样的心情。如果人数再进一步增加到了五万、十万的话，如果没有"合掌叩拜"的心情，想让部下发挥作用，更好地工作是不可能的。

如果你有了这种心态，就算是相同的语言，也会产生不同的反响。有的时候就算是面对多少有些牵强的命令，大家也能体谅，各自都能心领神会地工作。如果没有这样的心态，事情就会变成，不管你下达多少命令，部下也会没有感觉甚少理会，工作就会因此变得没有效率，难以取得好的成果。这些事情，经营者应该谨记。

自问
自答

现在自己的部下大概有多少人？
是否建立起了与员工数相对应的心态？
我们的心是否能够真正地打动部下？

能对其发牢骚的部下

在众多部下之中，只要有一人能听我发牢骚或倾诉烦恼，我就会在精神上变得非常轻松。我也会因此充分发挥自己的力量。就算有很多努力工作的部下，而没有可以对其倾诉烦恼的，我也会感到疲惫不堪，既不能萌发出什么好的创意，工作的节奏也会变得迟缓起来。

也许有人回家后会向妻子发牢骚。虽然这样也能缓解压力，但也会有工作上的不能理解的地方。还是自己的部下中有可以倾诉的对象，同时他又能很好地倾听，对我们的帮助更大。

事实上，在有些方面我多少有点神经质，这是我的切身体会。我能有今天，一个重要原因就是我很幸运地遇到了能听我发牢骚的部下。在我有各种烦恼的时候，我身边有很多善于倾听的人。所以，我很庆幸自己能发牢骚。小的事情也抱怨一下的话，心情就会很舒畅。用神清气爽的心情，全力以赴地工作，才有了今天。

因此，工作量大，胸怀某种目标要发展事业的人，身边最好安排一个你能对其发牢骚的部下。当然，那些能力很强、工作非常出色，并能在生意中取得巨大成果的部下，他们的重要性不用多说。在现实社会中，我们身边如果没有那些工作能力并不是很强，却善于倾听自己发牢骚的人，想要取得事业的成功也会很难，难道不是吗？

自问自答	你有没有愿意倾听你抱怨的部下？

员工很伟大

　　试看社会上的很多公司，或是试着看下我们的老客户，他们那里既有优秀的社长，又有出色的专务，公司却都有经营不顺利的时候。如果公司发展不顺利，他们就会哭诉："自己公司的员工都不行，派不上用场，真让人苦恼。"经营者说这样的话，公司的发展都会有问题。如果有社长说："不是的，松下先生，我们的员工都很伟大。要比我了不起。"一般来说，这样的公司都发展得很顺利，而且一定会顺利发展。就看你是否能说出"员工真的都很伟大"这样的话。

自问自答	你是否已经能够说出，"我们公司的员工都很伟大"？

整形手术

一件商品畅销与否，和商品本身的好坏有关。当然，也和这一公司或商店的形象息息相关。可以说，最近这个方面的比重正在逐渐增大。

作为经营者，为了提高企业的形象，也许就要接受"整形手术"。担任社长或者担任董事的首要资格很有可能就会变成——要能接受"整形手术"。

就算没到那种程度，经营者也的确需要注意一下自己接人待物的态度。前几天，我见到了一位大公司的社长，他真是行事非常庄重。只是鞠躬，如果我是七十度左右，他就会做到九十度。说话的态度非常专注，一点都不闪烁其词，我不知不觉就被他吸引了。据说这家公司做到了业界第一，不禁让人觉得："原来如此，如果是眼前这位社长的话，那是理所当然的吧。"这位社长这种接人待物的态度在各个方面都给人带来好感。而我认为，正是这种态度成了这个公司能够发展的巨大力量。

从这一点来考虑的话，可以认为经营者一举手一投足都会影响公司的业绩。虽然有人有不同的看法，可能认为这种说法真的是非常教条，但是真正的经营者就是这样的。对于认为"这么教条的事情我可受不了"的人来说，确实有些苛刻，但这些人就没有担任经营者的资格。

现在，经营者所处的环境极为严峻，是前所未有的。我认为，经营者必须抱着"如果需要，即便是整形手术也可以接受"的觉悟来严阵以待。

自问自答	作为经营者，自己的一举手一投足都可能会影响公司的业绩。"如果需要甚至可以接受整形手术"，你是否有这样的觉悟？

血肉

公司基本的思路和方针明确的话，经营者和管理者就能够按照这个方针进行有力的指导。每个人都能够根据这个方针来判断是非，也就容易培养出人才。如果没有这样的理念和方针，对部下的指导就会缺乏一贯性，很有可能会受到局势变化的影响或者被个人感情所支配，也很难培养出人才。因此，经营者想要获得人才，自己先要具备坚定的使命和明确的经营理念，还要经常向员工灌输和渗透自己的使命和经营理念。

经营理念，如果只是单纯地写在纸上是起不到任何作用的。当它成为每个人的血和肉，它的作用才能充分发挥出来。所以，我们必须借一切机会，反复地向员工灌输和渗透自己的使命和经营理念。

自问自答	你是否只是将经营使命和理念变成了纸上文章？

事业心

　　人有着各种各样的欲望。一旦某个欲望过度，就会导致出现一些不好的事情，比如，食欲过度，就会损害身体健康。

　　只是食欲的话，即使过度也只是自己一个人痛苦。像事业心这样的东西，如果过度就不只是自己一个人的事，还会给很多人甚至会给社会带来很大的麻烦。正因如此，我认为经营事业的人，要让自己的良知发挥作用，一定要注意适当抑制自己的欲望，避免让它过度。这一点非常重要。

自问 自答	我们自己的事业欲有没有过度？ 良知是否在抑制欲望中经常发挥作用？

最强烈的热情

如果居于高位的人，不管什么都比别人出色，那真是无可挑剔。既有知识，又有本领和才能，人格也很优秀，这样的人当然是最令人喜欢的。实际上，那种什么都出类拔萃的人是不存在的。一般来说，一个人如果在某件事情上比别人优秀的话，在其他方面就会比别人逊色，这是再普通不过的常识了。可以说，即便是领导也是如此。

所以，领导即使在很多方面不如部下也没关系，唯有热情必须比他人更高一筹。知识、才能不一定是最好的也可以，唯独热情必须是最强烈的才行。

自问 自答	作为经营首脑必须做到的就是满怀热情。 必须具备最高的热情。

赤字是罪恶

我认为，我国的各个企业也应该更加认真地致力于确保合理利润。企业只能获得非常低的利润，这对国家和社会来说实在是说不过去。使用社会的财力、人力、物力的企业，从最初就应该考虑必须获得与之相匹配的收益。如果不能充分地做到这一点，你最好痛快地把人员和钱财返还给社会。让其他人更有效地利用到别的途径上岂不是更好？

企业如果出现了赤字，就不单单是这一公司的损失，也是社会的一个巨大损失。虽说企业不会因为出现了赤字，就受到法律的惩罚，但我认为，企业理应对犯下的错误有个非常深刻的认识。

越是资本雄厚的大公司，这个要求就必须越严格。国营企业和垄断企业，我认为对于合理利润的研讨就应该更加严肃。这是因为越是大公司，就越多地使用了社会的财力、人力和物力，社会性就越强，也必须成为其他企业的表率。

假如大公司能够根据其经营规模稳步提高自己的合理利润，国库就会丰盈，会给国民带来巨大的福利。

反之，如果大公司出现了赤字，政府也不能袖手旁观。他们会派遣负责人进行情况调查，还必须进行各种支援。这就需要花一大笔费用，而这些费用全部都来自国民的税金。这也是国家和国民的一个巨大损失。

从企业的社会责任和使命来看，这样的事情的确是不可饶恕也无法原谅的。我认为，出现赤字就是企业带给国家和国民的一种毒害。

> **自问自答**　"赤字是罪恶，是不可饶恕的"，要有这样的自觉才能使社会变好。我们不能只埋怨政府的无计可施。

中小企业的优势

就日本人的国民感情而言，组织越大，要想提高效率就越难，越容易陷入一种极端的状态。其中政府机关的效率最难提高，政府机关的人不是不工作，而是不能有效地工作。环境约束了他们，不能让他们自觉地在工作中发挥自己的作用，所以人容易出现消极主义的倾向。

大企业也会有这样的一面。企业越大，所谓的官僚气息就会越浓厚。如果中小企业也是如此做派的话，公司就无法维持下去。因此，无论如何，就算勉强也必须发挥自己的作用。另外，如果员工只有二十个或五十个的话，那么大家就会很好地了解彼此的脾气和行为，行动起来比较迅速，做起事来也容易达成一致。

从这些方面来看，我认为在中小企业更容易开展工作，还能充分发挥自己的能力。实际上，大家也都干得不错。

社会上总有一种中小企业很弱的说法。大企业只能将个人的力量发挥到 70% 左右，而中小企业却能使其发挥到 100%，掌握正确的方式，甚至可以发挥到 120%。我觉得在这一点上中小企业有很大的优势。中小企业积极发挥员工的优势，是极为重要的，不是吗？

所以，我认为大企业有必要在组织和制度上，持续推动专业的细分，提供能让每个员工都发挥自己能力的环境。

自问自答	公司员工的能力都发挥到了什么程度？ 还能够发挥出百分之几？

企业的社会责任

随着社会发展的复杂化，企业规模的壮大以及经营内容的多样化，我认为企业会在各个层面加强和社会的关联，企业承担的社会责任的范围也会随之扩大。因此，企业具备的时代性使有关企业的社会责任的讨论变得更为复杂。相关的议论很多，迄今为止没有得出结论。

我认为，企业在具备时代性的同时，肩负着任何时代都不会改变的高度的社会责任。在充分认识到这一点的基础上，去应对时代的变化，这对企业经营是至关重要的。因此，我认为企业的社会责任，大致可分为以下三种：

第一，企业通过原有的事业，提高其社会性，为人们的幸福做出贡献是企业的基本使命；

第二，要利用这些事业创造出合理的利润，并通过各种各样的形式返还给国家和社会；

第三，企业的经营活动有可能产生公害，无论如何必须保证企业的活动都是与社会相协调的活动。

自问
自答

企业是否通过经营事业为人们的幸福做出了贡献，创造出合理利润并将其返还给国家和社会？
企业是否充分开展了与社会相协调的活动？

强有力的经营

实际上，我并非从一开始就是带着明确的经营理念来工作的。这份事业起初只是由内人、小舅子和我三个人开展的，也是为了维持生计，在极为简陋的条件下开始的。当初对于经营的理念基本没有任何想法。既然要做生意，为了成功该怎么做才好，这些事情倒是思前想后地琢磨过。当时的我只是遵循着社会常识或者说一般做生意的观念，以"不能不制造出好的东西，不能不学习，不能不珍惜客户，不能不感谢供应商"这样的想法努力经营。本着这样的态度，自己的生意也取得了一些发展，员工也随之越来越多。于是，我开始考虑："仅凭这种一般性的理念是不是行不通了？"

换言之，按照做生意的一般观念和社会常识努力奋斗固然极为重要，也是了不起的。但是，我想仅仅这样是不够的，要说清楚的是"为了什么在开展这项事业"，是不是这里会有一种更高级的所谓"生产者的使命"呢？

于是，我将自己想到的关于使命的思考与员工分享。之后，公司一直都是以此作为基本方针来开展经营的。那是在昭和七年（1932 年），我们拥有了一个明确的经营理念。我先是自己确立了比以前更加坚定的信念。从那个时候开始，不论是对员工，还是对客户，我都是该说的话就说，该做的事就做，本着这样一种强劲有力的方式来开展经营活动。另外，员工们在听到我的话之后也都纷纷表示了感激之情。我的话语点燃了他们的使命感，使他们产生了一种认真投身工作的热情。用一句话来概括的话就是，给公司的经营注入了灵魂。

| 自问自答 | 松下幸之助的经营中之所以能注入灵魂，之所以能够开展强劲有力的经营，是因为持有明确的经营理念。而你是否已经为自己的经营注入了灵魂？ |

正确的经营理念，基本上是任何时代都通用的东西。所谓经营，归根结底是人类为了自身的幸福而开展的活动，只要人类的本质不发生改变，正确的经营理念基本上也不发生变化。正因如此，拥有正确的经营理念才显得尤为重要。

在将经营理念付诸实践的时候，不同时期的方针和方策，绝非一成不变，必须根据时代的不同而做出相应改变，换句话说，必须是日新月异的。社会在各个方面都在不断地变化。要想在这样的环境中发展，企业也必须适应社会的变化，甚至必须领先一步。

这就要求我们，今天要胜过昨天，明天要胜过今天，不断地创造出更好的东西。没有人会知道今天我们认为是对的事情，明天是否还行得通。因为伴随形势的变化，很多情况下人们的喜好往往也会发生很大的变化。

| 自问自答 | 有些事物应该改变，有些事物不能改变，你是否能区分清楚呢？ |

事业的顶峰

我认为经营者必须与时俱进，每天都要有新的想法。因为社会在变，所以每一天都必须不断地思考和进步。在自己拥有十个员工的时候，不要局限于只有十人，要去考虑如果有十五个员工时该怎么做；这个月的销售额达到了一千万日元，下个月要把营业额提高到一千五百万日元的话，我该怎么办。像这样，经营者必须不断有所追求，未雨绸缪。我认为，经营就好像是在不停地描绘一幅永远都画不完的壁画。大家的心里必须时常都怀抱着这样的希望才行。

对于所有的事业来说，并没有巅峰，不可能出现到此就可以结束的情况。所以，时至今日我都在不断思考这样那样的问题。虽然现在是一名顾问，但我站在顾问的立场上，一直都在不断地思考着事业如何才能更好地发展。

自问
自答

如果现在你有十名员工，你就要考虑如何拥有十五人。不要执着于昨天的思考，要将今天的想法在明天进一步发扬光大。我们必须日新月异，不断有所追求。

人世间

日本有一句老话"粒满穗垂，知博益谦"。一个人如果积累了修行，积累了各种体验，最终就会渐渐地懂得世间万物的伟大和人世间的可畏。一知半解之徒，因为只看到事物的一个方面而无法对事物进行全面的理解，所以往往会以有利于自己的方式对事物做出判断。只要积累了一定的经验，自然就会逐渐明白这个世界的伟大与可畏。

例如剑术，有些人只要稍事学习有了些许进步，就觉得谁都不如自己，甚至觉得只要自己举起长剑，就一定能够取胜。实际上，一旦摆脱了这个阶段，逐渐就会明白"自己的修行也许是到了一定的程度，但是天外有天人外有人，比自己厉害的人还有很多"这个道理，才会第一次真正地知道应该以怎样的立场和态度去面对世界。如此一来，人就会得到进一步的提高和发展。正所谓，如果我们知道有很多比自己优秀的人，就会自然而然地产生出以这些伟人的思维方式为范本的想法，并且，一定会去学习他们的行事风格或者做派。这样一来，自己就会在不知不觉中逐渐达到高手的境界，或者自成一派。否则，自己在初级的对决中就可能被斩杀，而在过去的故事记载中这样的剑士并不少见。

> **自问自答** 对于这世间的可畏和伟大之处我们到底了解多少？我们谦虚的程度又究竟如何呢？

蜘蛛网

世间即道场，是一个非常历练人的道场。这就是我对社会的认识。在这样一个道场中，各种事物错综复杂，如同交织在一起的蜘蛛网，这就需要大家努力寻找解开问题的钥匙，只有这样才能知道自己应该采取什么样的行动来推进工作。而问题的关键往往就在于我们是否真的在寻找解开这些问题的钥匙。

有时我们认真地寻找会获得一些答案，有时再怎么努力也寻不到答案。但是一定不会是什么都没有，一定会获得某种程度的回馈，也许不是很充分，但一定会有回音。只要我们基于这些反馈的信息来采取行动，也许我们就会因感受到自己的人生价值而十分满足。

<table>
<tr><td>自问
自答</td><td>你是否能认识到这个世间就是道场？
你能否看见笼罩在这世间的网络？
你所追寻的答案反馈回来的有多少？</td></tr>
</table>

无根之草不开花

虽然顺应时代的潮流和社会的变化非常重要，但过于受社会动向的影响，而轻视自己的信念和自己店铺的传统的事情是绝对不可以做的。这一点非常重要。人们都说"无根之草不开花"，如果我们自身没有坚定的信念，就无法经营真正的生意。

借此机会，大家要重新且更加深刻地认识在经营店铺的五年或十年中培养出的各种传统，必须坚定这些基于自己体验得出的信念。以这种牢固的信念为基石，心中充满热情，坚持不懈地努力实现自己的构想。这样一来，即使身处这个迅速发展的时代潮流之中，也可以做到随机应变，自由自在。

作为生意人，大家都要拥有良好的心态。保持店铺的整洁干净，亲切有加地对待老客户等，这些具体的事情固然重要。但在今后，我们要想经营真正的生意，最根本的就是我们要拥有不为社会动向所左右的信念。我们应该反复反省的是，我们是否通过独立思考创造出了以这个信念为基础的强劲有力的发展对策。

心灵的契约

这是二十多年前的事情，恰巧我受邀去东京的日兴证券公司给大家做演讲，主要是讲我们公司的情况。在涉及公司经营状况的时候，我说："本期我们的销售额会达到一百亿日元。下一期我们将达到一百二十亿日元。"刚刚说完，后面就有人质疑："松下先生，您刚才说一百亿日元，你们真的能达到吗？"

当时正值日本经济不景气，在经济状况很差的情况下，一百亿日元太多了，大家会认为我这么说是不负责任。我回答："绝不是不负责任。我这是在很确切地告诉您，我们已经签订了与之相应的契约。所以，我们有义务并且也必须准确地实现销售，同时还必须制造产品。"那个人一脸疑惑，再次询问："但是，你们那里几乎没有定制的产品，不是吗？都是些大众自由购买的一般商品吧？您却说有契约，这是怎么回事？"

我说："确实如您所说，我们不是订货生产，也就是说，一切都是以自由的形式在进行的。因此签订的契约也并不是一般意义上的互相签署契约并交换契约文本的形式。它是和社会上的人们缔结的心灵的契约，是一种无形的契约。换言之，我们将这些众多的需求理解为存在着这么多无形的契约，因此我们有义务进行价值一百亿日元的制造活动。"有的人用心能看见这个无形的契约，有的人看不见，问题就出在这里。我当时说了这番话。

> **自问自答**　我们和社会上的人缔结了心灵契约、无形的契约、无言的契约，并将其作为自己的义务，去制造和供给。
> 我们能否开展这样的经营呢？

无形的支持

前段时间，我们和一家公司建立了业务合作关系，这家公司的社长来拜访。我对他当时带来的礼物感触颇深，也十分感动。他给我带来的是，我现在正在主办的《PHP》杂志的创刊号（昭和二十二年四月号），送给同席的另一家合作公司社长的是，对方公司十多年前发售的电子剃须刀一号产品。

一想到他可能读过这本杂志，用过这个产品，就觉得这个社长的用心要比给我一千万日元更令我欢喜。能和这样的社长经营的公司建立业务关系，我感到非常高兴。而这家公司之所以能在处境很艰难的业界中取得第一名的业绩，我认为，其原因就在于这位社长的这样一种心境。它促生了公司和各相关单位心与心的关照，给自己的公司带来了无形的支持。归根结底，做生意应有的最好姿态，并不会因为社会愈加便捷，公司规模日益扩大而改变。自动贩卖机的普及固然是很好的，但只要是人来经营的买卖，就要珍惜心灵的沟通，不能丢失人心之间的联系。

自问
自答
人从事的商业活动和自动贩卖机有所不同。
你能获得多少来自顾客和支持者的无形的支持？

由社会决定

　　仔细想想，我们每天都投入大量精力的这份工作，都是我们根据自己的意志选择的，是要依靠自己的力量来推进的。说到这份工作为什么得以存在，那是因为社会上的人或者说这个社会需要它。理发店的工作也是如此，因为有人需要护理头发，需要修整仪容，如果没有这种需求，就不会有理发师这个职业吧？任何一项工作都符合这个道理，没有需求，任何工作都没有存在的意义。从这个意义上来讲，我们的工作是源于社会的需求，是社会需要我们来做这些事情。

　　这样一想的话，是不是就会油然而生一种莫大的安心和感激的心情呢？这项工作并非只凭个人的意志在推进，而是源于社会的需求，能否开展是由社会来决定的。自己只需反省，以期不犯错误即可。没有必要对这些以外的事情感到烦恼。这样，你就可以获得一份安心。与此同时，你会对社会赐予的工作，从内心深处产生一种真正的感激之情。

自问自答	工作能否顺利开展，是由社会来决定的。 为了满足社会需求，要让自己成长起来。

路上的行人

　　人们经常说做生意要"以利为本"。但是我认为做生意真正重要的是采购。我从很早以前就一直跟公司的员工们说："供应商就是我们的客户。"这是因为公司主要从事家用电器制造，从我的心情来说，不仅是供应商，路人也全是我们的客户。就算他们没有直接购买公司的产品。但现如今，人与人、公司与公司之间的联系变得如此复杂多样，宏观来看，可以说无论是谁，不管是哪个公司，都是我们某种形式的客户。因此，就算是没有直接业务往来的供应商，也会是我们意想不到的潜在的客户。

　　这样一想，我们就不会以敷衍了事的态度对待供应商了。如果对方说："谢谢您购买了我们这些产品，非常感谢！"即使你说不出口，也会在内心抱有强烈的感激之情："彼此彼此，我也要感谢你们。"诚心诚意地对待对方。如此一来，对方也一定会对我们抱有好感，自然而然就会想："虽然这只是一次合作，但以后我们会更加用心为你们制造出更好的产品。"

　　从结果来看，这种细微的心理上的差异，天长日久就会积累成云泥之别。所以，负责采购的人是否竭尽诚意，这对我们的生意来说至关重要，有的时候甚至会产生左右公司和商店命运的影响。

自问自答　你是否会将供货商和路上的行人都看作自己的客户？你是否已经将他们当成了自己的客户？

留住老客户

　　我认为，只要平时努力经营好生意，无须寻求客户，客户很可能会自然而然地增加。也就是说，即使没有特意拜托，老客户也会给我们带来其他的客户。譬如，一位经常光顾的客户，如果他跟自己的朋友说了以下的话，将会怎样呢？

　　"我经常在那家店买东西，店员非常亲切，给人的感觉很好。服务也特别周到，令人佩服。"如果这是他的真实感受，友人就会说："要是如你所说的话，那肯定不会错啦。我也去那家店看看。"最后，这位客户的朋友也会来店拜访。对于做生意来说，这就是开辟了一个途径，一个不用自己寻找，自然就增加了客户的途径。

　　考虑到这些，平时做生意的时候，我认为不断努力增加新客户固然非常重要，但是，认真地守住现有的客户，其重要性绝不逊于开发新客户。

　　总之，极端地来讲，守住一家老客户就能增加上百家客户。相反，失去一家老客户就会失去上百家客户。重要的是我们要以这样的心态经营生意才是。

自问
自答

社会上的经营其进攻与防守都是表里一致的行为。我们是否为守护每一位顾客做好了万全的准备？

不劳而获

经常会听说有人不劳而获，我们一定要知道，真正不劳而获的事情实际上并不存在，也不被允许。"一本万利"这句话里暗藏着很大的反动的作用，会让好不容易才得到的东西丧失殆尽。

当只有你一个人想向前迈进，或者只想自己一个人做得好，这种时候，你必然就会失去冷静。于是，你不光会产生疑人之心，还会犯各种错。

自问
自答

现在我讲的这个就是"一本万利"的话。

经济状况

　　如今，人们普遍认为，经济的繁荣和萧条是资本主义经济下必然的产物。的确，从实际的经济动向来看，资本主义国家虽然实际发展程度有所差异，但其经济状况却不断交替出现着繁荣与萧条的景象。因此也可以说，这就像晴天过后必定会出现雨天一样，可以认为是一种半天然的自然现象。

　　但是，经济的繁荣和萧条，真的就像自然现象一样无法避免吗？过去的经济是以农业为中心的，因为技术不发达，收成很大程度都会受到天气变化的影响。所以，如果经济的好坏是由收成决定的，那么可以说经济的好坏一半都是由自然现象决定的。

　　但如今，由于科学技术的进步，农业已经不像以前那样受天气左右了。也就是说，在某种程度上，我们能够人为推动经济的发展。况且，在当今经济中占很大比重的是工业和商业等，几乎都是人为现象。因此，经济现象和我们所说的下雨或天晴等自然现象完全不同，是一种人类的思考，人类的创造。

　　只要我们明白了这一点，然后再根据人的想法来运作经济就可以了。而人类恰恰就是这样一种动物，会对居住的便利性进行各个方面的思考，继而设计建造房屋，然后在房子中舒适地居住并生活。同样地，我们只要考虑如何才能使人类最舒适便捷地生活，并按照对应的方式来推动经济就可以了。

自问自答	繁荣还是萧条，这些经济现象都是人为创造的，也都能够根据人的想法来改变。希望你能拥有改变经济状况的气概。

经济景气

　　我认为经济将会日趋繁荣。那是因为人是一个非常有趣的存在，肚子只要一饱，就不会再想吃的东西。无论面对什么美味佳肴，都会说已经可以了。但是肚子一旦饿了，就又什么东西都能吃了。也就是说，经济景气期间，肚子就会鼓起来。于是，就会变得懈怠。过上一段时间之后，经济陷入了不景气，也就是肚子饿了，就什么都会吃。虽说经济景气的状况是在不断重复，但是我认为，它是按照人的本质在运转，难道不是吗？特别有远见的有心之人，可以保持理性，克服困难，一般他们都不会吃得太多，总是吃八分饱。相反，他们会在一定期间内提前就储备好食粮，以备不时之需。

自问自答	经济景气的状况是会不断重复出现的，并按照人的本质运转。对此，我们应该如何做好准备呢？

经济不景气

　　不景气或是混乱，是人为制造出来的一种状况，是政府当局和大家一起制造出来的一种状况。所以，我认为这必然也是可以通过转变我们的意识和思考方式来修正的事情。这一点我可以非常清楚地告诉大家。

　　我一个人呼吁，如果大家并不相信，没有落实到"就这样干"的强劲有力的行动上，只是说说而已，那什么也改变不了。如果我们都意识到必须这样做，而恰好大家的想法一致，政府当局也考虑到了这一点的话，那就必然能够改变这种状况。如果这是一种自然现象，那仅凭我们人的力量也改变不了。幸好这是一种人为现象，是能够通过改变彼此的意识得以转变的状况，所以不景气或混乱的状况是一定可以得到修正的。

自问
自答

在企业经营者中，有多少人有重建日本经济的意识？我们又有多少这样的想法呢？

严责自己

经济萧条就好比一场暴风雨，面对狂风暴雨，必须砥砺前行。虽然躲避也是一种方法，但在企业经营中，绝不允许一味地退避。再艰苦也要直面风雨，勇敢前进。为此，我们要有迎接风雨的觉悟并做好相关的准备，如改造雨伞等雨具，使其变得更为结实，或穿戴防护服等，一定要采取某种措施。

从我个人的经验来看，只要静下心来认真思考，就能顶得住风雨的强袭。我们要根据风雨的强度掌握打伞的方法，并做好防风的思想准备。只要我们有"决不能就此躲避，无论如何也要迎着暴风雨前进"的决心，前行的道路就会自然而然地出现。

无论何时，就算忍受着切肤之痛般的困扰，也要鼓足勇气干下去。要在心里痛斥那个即将崩溃的自己。如此坚持下去，脑海中就一定会浮现意想不到的智慧。

若自己不具有解决问题的智慧，可以去请教前辈或是同行业的竞争者。若能推心置腹地说："现在我焦头烂额，有些走投无路了，无论如何也请您告诉我解决方法。"即使是竞争对手，也会传授给你相应的智慧。我觉得我自己就是这样开辟创业之路的。

从这一点来看，在应对今天严峻的事态时，我认为，无论如何经营者先要下定决心绝不后退，确立自己"全力以赴、勇敢面对困难"的精神。可以说，这就是应对今天这一艰难时代的第一步吧。

自问自答	你是否已经为迎接暴风雨做好了万全的准备？

社会是根教鞭

有一首歌这样称赞成熟的稻穗：成熟的稻穗越饱满，头垂得越低。这是一句老话，我想这就是在说，越是伟大的人就越庄重也越谦虚、亲切、有礼。而那些不够伟大的人反而会趾高气扬，摆出一副自大的架势。一个人如果真正成熟了自然就会弯下腰，低下头，非常谦和有礼。公司也是如此，我认为公司规模越大，员工的态度就要越诚恳、越谦逊有礼，而且也要越懂得体谅他人。如果一个公司做不到这些，那么它就很难维持自己的尊严。

若公司稍微有所壮大，员工就以此为傲，冷淡无情，缺乏诚恳和亲切感的话，那么不久，公司必然就会遭到社会这根教鞭狠狠的抽打。

自问
自答
我们的骄傲是否变成了妄自尊大？
员工的谦和态度和公司规模的壮大之间是否成正比？

不满

　　走上社会，既会遭遇各种各样的失败，也会犯下很多意想不到的错误。但是，只要你心正无邪，秉持正义去做事情，就会有一双巨大的救赎之手应运而生，足以弥补你每一个失败所造成的损失。

　　这样一想的话，我们就会鼓起勇气，也就不会抱怨一些小问题了。如果一个人没有了不满，整个人都会变得爽朗起来。在旁人看来，他就变成了一个快乐有趣的家伙。大家就会想：真是个爽快的人，我们就和他喝个一醉方休吧。（笑）因此，我想事情就变成了"人间到处有青山"。但是，如果一个人心里装有不满，别人就会说："那家伙总是唠唠叨叨，真是个让人感到不愉快的家伙，这样可不行！"事情就会变成这个样子。我认为所有事情都是这样的。

　　抱怨有时也能打开一定的局面，推动事物的发展，但这不是指个人的抱怨。而是为"公"的抱怨。也就是说，这不是不满，是为了推动公共事业的发展所提出的一些建议，是非常高兴地提议："我们做这些事情会怎么样呢？"如果一个人被私心束缚，以自我为中心考虑问题的话，就会产生抱怨。从我的个人经验来看：和我们心怀不满的时候相比较，大多数人在轻松状态下思考的时候，心情愉悦的时候，以及觉得事情进展顺利值得庆幸的时候，更能给自己的未来带来幸福，而此时自己的提议也更容易被别人接受。

自问 自答	即使怀才不遇，也不要心怀不满而满腹抱怨。 要愉快地思考，带着喜悦体会内心的感激。

让大家了解

从我的切身体验来看，社会总会对正当的事情有个恰当的认识。话虽如此，有时还是会产生一些误解，或者说自己的某种想法被错误地理解了。在这种情况下，我们必须消除这种误会，而且为了杜绝这种事情的发生，平时就要向世界展示企业的经营理念、业绩和产品等，要让社会知道公司真实的状态。这是至关重要的。我们开展的制作广告等宣传活动就是为了向世界展示公司真实的面貌。

我们必须严谨慎重地防范，不要进行虚假夸大的宣传。虚假广告会过度夸大公司真实的状况，通过虚假的宣传，即使可以一时蒙蔽世人的眼睛，终归民众还是会看穿你真实的状况，最后会导致公司的信用一落千丈。

林肯曾经说过："你可以一时欺骗所有的人，也可以一直欺骗一部分人，但是你不可能永远欺骗所有人。"这是他作为政治家的觉悟，也完全适用于公司的经营。从长远来看，将公司最真实的样子展现给世界，实事求是是最重要的。像这样，用心去做这个社会认为正确的事情，获得社会正确的理解，并将这样的工作坚持进行下去，自然就能看到企业将来发展壮大的道路。

自问 自答	不要企图蒙蔽世人的眼睛。

社会的批评

公司如果犯了什么错误，就必须接受老客户和社会提出的严厉的批评。我认为现在，即使是广受世人称赞的松下电器，若是一味地受到表扬，也会在不知不觉中变得傲慢，疏忽大意。公司需要经常接受来自社会的批评和指正："虽然有的地方你们做得不错，但是这个地方还不好！"

今天，我在来这里之前，和一家销售店老板交谈了三十多分钟。当时，这个销售店老板问我："你们将松下电器的传统精神贯彻到什么程度了呢？最近，是不是做得不够周到，没有把这些精神传递给每一个员工？"可以说，这是他给的忠告，我都洗耳恭听了。我从心里感觉到，松下电器能够得到社会的批评，是非常可贵的。销售店老板是特意申请了面谈，前来提醒和警告我的。我毕恭毕敬地听取了他的建议，认为我们公司不论如何都要在他提示的地方得到进步。这样一来，公司才能保持一个稳定的状态。

如果没有这样的提醒和忠告，只是赞美之词，松下电器的干部和员工就会骄傲自满。而骄傲自大正是企业通往衰败的第一步。因此，大家必须去寻找那些可以给予我们批评和指导的人。这个事情实施起来或许会有些困难，但我认为，只要我们时常保持这种渴望得到批评和指正的态度，就绝对不会有错。

自问 自答	你是否在寻找可以给予自己批评的人？ 你是否感受到了受世人严厉批评的可贵？

真心

时下，一说到诚意或真心，有人就觉得这是老生常谈的话题，我认为绝非如此。我们认为，人与人之间要互相帮助，共同生活，无论在哪个时代，哪个国家，诚意和真心都是最基本的非常重要的处世思想和态度。可以说，这种品质会沁入人的日常行为当中，在工作当中尤其重要。

我们公司主要生产的是电器产品，之前，我和销售我们公司产品的一个经销商之间有过这样一段故事。

我们公司在制作产品时，出现了小概率的产品质量问题，将一个零件有瑕疵的商品发给了这家经销商。多年以来，这位经销商一直在大力支持我们公司，对我们生产的商品一直非常关心。正因如此，他拿到残次品后，专门跑到公司来质问和警告，他觉得："你们居然能将这样的商品发出来，真是太不像话了！不提出严重警告是不行的……"

可是，当他实际来到公司一看，所有的员工都在拼命地工作。售后人员也都亲自前来应对，大家非常认真，就像对待自己的事情一样，仔细地商量和讨论了残次品的后续处理。再看看工厂，大家都在井然有序地努力工作。看到这样的情形，他觉得："既然大家都在一心一意地努力工作，偶尔出现这么一个不良产品，也没什么好生气的。"如此一来，加深了他对我们公司的信任，然后就安心地离开了。

自问自答	一时失误反而使客户增加了信任，你是否在经营着这样一家公司呢？

馈赠笑容

　　如果馈赠给客户礼品，什么东西最重要，大家所能列举出的赠品都有哪些呢？虽然大家会有各种不同的想法，但我认为，难道不应该是我们亲切的笑容吗？当然，像夏威夷旅行这样的奖品无疑是充满魅力的，如果我们平日里都能对一直光顾的客户，以满怀感激的笑脸来诚心接待的话，我想即使没有夏威夷旅行这样的赠品，他们也一定会感到满意。

　　如果没用笑容来接待客户，即便款待客户去海外旅行，我们和客户之间的联系也只能是暂时的，过后就会结束，不是吗？因此，假如其他商店由于产品滞销附加了高额赠品，而我们受其表面现象的迷惑，觉得自己必须模仿也附加同样的赠品的话，情况就变得不那么令人高兴了，只会导致过度的竞争。

　　正如我们所说的"那家店虽然附加了不合常理的赠品，但我这里一定要把提供'亲切的笑容'的理念贯彻到底"。只有采取了这种"以德报恩"的策略，才能让客户从心底里感到喜悦，才能让他们成为时常光顾的老客户。我们每个人的想法虽然各有不同，但是我坚信：馈赠笑容才是最好的礼品。

自问自答	我们是否已经做到了能够为大家提供免费的笑容？日常生活中你的表情是否表达着自己的感谢之情？

顾客的评价

　　生意，就是让顾客不断地做出尖锐的评价。这就好比，如果学校里教师短缺，那么哪个教师过来教书都可以。如果教师富余，学校就只会雇优秀的教员。每一个学校都是如此。一般来说，商业界要比学校更加敏锐。它会通过经济景气与不景气的状况，对公司不断做出严格的评价。而每一位顾客也都会对哪里的商品更好更廉价做出评价。我们就是在这种接踵而至的评价之下开展工作的。

　　不需要这个评价，无论哪里的商品都能畅销，只有依靠神了，人就没有必要去学习了。即便是学习，范围也一定会很有限。因此，对于实业界来说，评价还是非常重要的。

自问	顾客会不断对公司做出尖锐的评价。
自答	正是在这些评价之下，才有了我们现在的工作。

多些给予

我认为，服务原本就是要让对方感到高兴的，也要使自己高兴。对方和自己都感到高兴，才是人类最自然的感情。正是在这种彼此都感到喜悦的姿态之中，才会有真正的服务。

大家相互服务就是这个世界的道理和法则，难道不是吗？聪明的人凭借自己的头脑，有力气的人凭借自己的力量，有技艺的人凭借自己的技艺，都是通过给予他人自己拥有的东西，从别人那里获取与之相应的东西。于是，社会才得以成立。

如果想要多获取，那么就要多给予，没有充分的给予却想获取更多是一种自私的想法。如果社会上都是这样的人，这个世界就无法繁荣、富裕。

就以公司为例，所有员工都想获得高于自己劳动所得的报酬，那会怎么样呢？我认为，那家公司很快就会破产。劳动和薪资之间，必须一直保持盈余。有了这些盈余，公司才能发展，社会也是如此。

说到底，为了能对社会有所助益，使其不断发展，要求我们有"得十返十一"这种服务精神。这对我们来说是非常重要的。

自问自答	我们公司是否弥漫着自私的想法？

竞争

　　有竞争是一件令人高兴的事情。因为存在竞争，为了不输给对方，竞争双方就会发挥各自的智慧而努力工作。这样一来，产品的质量就会提高，成本也会更加趋向合理化，变得既公平又合理。在没有竞争的地方，产品的质量很难保证，成本也会居高不下，这是我们大家经常会听到和看到的事情。

> **自问自答**　品质、成本、价格……你是否看到了未来的国际竞争？

店铺应有的样子

我认为，保持店铺的清洁整齐，便于顾客进入，将商品摆放在便于顾客察看的位置，对开门做生意来说，是非常重要的。将店铺布置得干净整齐，并非只是为了提高顾客的购买欲望，还有一个更高层次的理由，我们有必要在这方面大力投入自己的精力。

这个理由指的是什么呢？那就是自己的店铺不仅是为了自己的生意而设，也是街区的一部分。自己店铺的样态关系到这个城市的美观。如果一个街道排列的都是让人喜欢的店铺，这个街道就会生机勃勃，充满活力和魅力。这个街道整体的环境就会让人高兴和满意。

因此，我认为，从美化街道，提高街道的品位这一更高的见地来看，我们保持自己店铺的整齐干净是很重要的。这是店铺基于"对社会有益"这一真正的商业使命而履行的一项崇高的义务。另外，我认为这同时也会影响我们店铺自身生意的繁荣。

自问
自答　这个城市的街道是否既美丽又干净，是否生机勃勃充满了魅力？作为城市的一部分，你的店铺是否做出了贡献？

行业

不论什么生意都是如此，为了彼此的店铺都能够强有力地发展和实现繁荣，店铺所属的行业整体必须健全发展，受到世人的信赖，这一点至关重要。"那个行业是值得信赖的行业。无论你去哪个店，商品质量都很好，价格也很合理，对顾客的服务很周到。所以可以安心购物。"行业得到大家这样的评价，顾客才会喜欢，而这个行业的每个店铺的生意也才会真正地兴旺起来。

为此，处在这个行业的各家店铺都必须稳妥，必须获得顾客的信赖。如果行业中有很多不健全的店铺，人们就会认为："那个行业不行，不值得信赖。"这样一来，整个行业都会受到巨大的损害。

考虑到这一点，大家在推动生意发展的基础上，首要任务就是让自己的店铺健全地发展。还必须注意通过与其他店铺的合作，来提高行业整体的信用。虽说如此，却不能拘泥于和其他店铺友好相处而影响彼此的竞争关系。在没有竞争的状态下，行业的进步与发展是无法实现的。

因此，我们必须推动这种正确意义上的竞争和有秩序的对立，在这样的对立和竞争中去寻找平衡。也就是说，我们要通过这种不断的对立和协调，来思考自己和他人的健全发展，同时也要思考提高行业整体的信誉。这一点极为重要。

社会大众

　　企业活动是直接或间接以社会大众为对象通过各种各样的形式开展的。我们如何看待社会大众的思考和行为，在企业经营上是一个极为重要的问题。

　　如若企业认为社会乱七八糟不可信任，其经营就会依据这个原则来进行；如若认为社会是正确的正义的，其经营就会根据社会的需求来开展。在这一点上，我认为社会基本上是像神一样正确的存在。对经营企业，我一贯是基于这样的想法来进行的。

　　当然，要是以某一个单独的个体来讲，因为人都是各具特色的，不能说其想法和判断都是正确的。此外，还有时势的因素，而且有时舆论也有可能暂时向着错误的方向发展。就整体而言，我认为，从长远来看，即使个人会犯一时的过失，社会大众也会像神一样做出正确的判断。

　　因此，经营方法有问题而出现了错误的话，我们必然就会受到社会的非难和指责，如果我们开展的是正确的经营，世人就会理所当然地接受。如此一想，内心就会产生莫大的宽慰。

自问自答	我们对社会大众的想法会体现在自己的经营中。大家是否忘记了应该对其持有信任的态度？大家是否忘记了企业是以谁为对象在开展经营？

提出理念

　　荷兰的国土面积比九州还小，如果企业只是在荷兰国内开展经营，却想成长为一个大型企业，是不太现实的，因为不具备这样的环境。所以，荷兰的大企业全都在海外开展相关业务，海外经营不仅为荷兰带来收益，也在某种形式上为经营所在国带来利益。可以说，我的确是从荷兰企业发展的轨迹当中受到了某种刺激。

　　考虑到日本的未来，我认为松下电器将来也必须向外拓展。如果有做成的可能就应该积极去做。那么这里有一个问题：如果我们要向海外发展，应该以什么样的理念来实施？仅仅是模仿欧美的公司，是不是太简单粗暴了？所以松下电器必须找到一个属于自己的真正的意义。于是，我决意明确提出"共存共荣"的理念。对方要是发展中国家，那就不仅是去做生意，更要把帮助对方发展从而实现繁荣作为最重要的一点来思考。我会下定决心，经营让那个国家得以发展并创造出利益的事业。"共存共荣"这个理念，一说大家就会明白。即使会有一时的误解，长期交往下去也能够得到理解。因为我们大家都是人，不是吗？更何况，松下电器愿意给其他国家提供其没有的产品，不是针对政府，而是为了民众。使民众获得幸福就是天经地义的，这一定会让大家感到高兴。

　　自问
　　自答　　好的理念不仅会得到传播，也能获得国内外民众的理解。

所谓国际化时代，就是破除国家和民族的围墙，与众多国家、众多民族和有众多语言、习惯不同的人互相交流、交往，共同协作的机会日渐增多的时代。这时最为重要的就是，我们要正确认识人类原有的本质，充分审视和理解世界上这些因国家、民族或者所处阶段的不同而产生的各种差异，发挥各自不同的作用，创造共荣共生的世界。

换而言之，如果是日本人，就要正确地理解日本和日本人的特质，在将其正确地传达给其他国家民众的同时，去追寻人类共同的幸福。这是非常重要的事情。

当然，在国际化时代，要向其他国家学习的东西也会变得更多。就这一点而言，我们必须谦虚地学习，坦诚地吸收。只有将新的知识和新的技术作为人类共有的财产，让它们一起互相发挥作用，才会有人类的进步和发展。在国际化时代，我们不应该只是大力地学习和吸收，还要向世界各国积极地传递和提供可供参考的东西。不限于经济方面，也应该从传统、文化、思维方式这样精神与物质的双重意义上来思考这件事。

国际化时代还是一个全人类相互传授教诲，共同学习，多种智慧与体验并存的时代。正因如此，我们日本人在探索整个世界的同时，先要对自身、自己的国家和社会有一个全面的把握和认识。

自问自答　希望大家能够铭记，
国际化时代就是大家的智慧和体验都能发挥作用的时代。

　　企业要开展事业活动，就要有各种相关的合作伙伴。也就是说，企业在与供应商、经销商、需求者、提供资金的股东或银行甚至是所在地域等很多合作伙伴以多种形式保持关系的同时，进行着经营活动。牺牲关联伙伴的利益而谋求自身的发展是不被允许的，实际上往往也会损害自己的利益。可以说，思考与所有合作伙伴之间的共存共荣是很必要的，是实现企业长远发展唯一的途径。

　　为了满足需求者降低成本的要求，就要请求供应商降低价格。这是不论在哪里都经常会遇到的。在这种情况下，不能只要求降低价格，还要考虑对方即使降低了价格，也能够进行正常的经营活动。换句话说，我们必须事先就考虑确保对方的合理利润。

　　一直以来，我都是这样想也是这样做的。在请求供应商降价的时候，我会非常注意，不要因此而给对方造成损失，否则自己也会感到困扰。如果对方很难做到的话，我就会让他们带我去参观一下他们的工厂，一起思考一下工程的改善，寻找降价后也能确保足够的合理利润的办法。如此一来，就算是我们要求对方降价，其结果也总是令人愉快的。

　　充分考虑对方的合理利润是很重要的。另外，对于负责销售商品的客户，我们要不断在降低产品价格方面做出努力，同时要让他们获得必要的合理利润。还有，为了让用户能以合适的价格购买产品，我们要考虑制定商品政策和销售策略。这样，大家在获得合理利益的同时就能实现共存共荣，这才是最重要的。

自问自答　这种与所有合作伙伴共存共荣的想法，最终会支撑公司持续发展。

愤怒

联邦德国首任总理阿登纳说过："我们要带着愤怒。"这究竟是怎么回事呢？我认为这并不单纯是指个人的感情，不是所谓的私愤。这是站在更高立场上的愤怒，即所谓的公愤吧。作为领袖，因为私人的感情而生气发怒，当然是不可取的。作为领导者，站在公的立场上，在考虑"什么是正确"的基础上，对于不可容忍的事情，必须怀有极大的愤怒之情。

第二次世界大战中，遭到彻底破坏的联邦德国，是在阿登纳的带领下，得以复兴重建，实现了繁荣，发展成为堪称世界一流的国家。阿登纳作为联邦德国的总理，面对不利于国家和国民的事情，带着强烈的愤怒给予回应。被占领下的联邦德国，之所以能够坚决贯彻独立自主的方针，而不是接受制定宪法和教育改革，归根结底是阿登纳有作为总理该有的公愤。

所以，一国的首相不能没有作为首相的愤怒，而一个公司的社长如果没有作为社长的愤怒，就无法进行真正有力的管理和经营。更何况，如今不论是日本还是世界都面临困局，难题堆积如山，在这个时候，关键在于领导人无论如何都不能被私情驱使，一定要带着为公的愤怒来严阵以待。

自问自答	你是否已经忘记了愤怒？ 不是私愤，而是公愤，你是否已经忘记了呢？

资本的暴力

有位制造厂的社长请求见我。他的厂子是一个中等规模的制造厂，专门制造某种零件，和我们公司并无业务上的往来。因为他特意前来拜访，我就和他见了一面。

刚寒暄了几句，这位社长就对我说："松下先生，能不能让我们加入你们旗下？"我听说他的公司只制造专业工厂才能生产的零部件，产品质量相当好，所以对他这种软弱的请求我感到很是不可思议，于是就仔细询问了他。

他说："唉，我们已经实在干不下去了。"在听了他讲的一些情况之后，我逐渐就明白了他们做不下去的原因。正常来说，他们公司一个零件卖二十日元，可最近有一家大公司也开始制造这种零件，并且只卖十日元。不管他们怎么调整，也无法与之竞争。他们公司正面临倒闭的危险。所以，请我们一定要接受他们。

"那个制造商能以如此便宜的价格销售，是改良了制造过程，才实现了低成本的吗？""不，绝对不可能。我常年从事这方面工作，所以非常清楚，怎么也没法卖到那个价钱。说到底，还是他们公司资本雄厚，是以亏损的状态抛售，就是为了迅速提高产品的市场占有率。"

虽然只听一面之词就做出最终的判断是很危险的，但是如果他说的是事实，那就是资本的暴力。如今，资本是一种非常强大的力量。如果合理使用，它会对社会有益；如果使用不当，就会后患无穷。它会成为充满私欲的暴力，扰乱整个行业的正常发展，也给社会带来恶劣的影响。

自问自答	绝不允许出现资本暴力。不是为了自己，而是为了社会，我们坚决不能允许发生这种事。

繁荣主义

　　我认为所有的事物都有寿命，比如有轨电车正在逐渐消失。当它作为文明的利器出现在市内的时候，当时所有人都不由得惊叹："这个好哇，出现了这么方便的东西！"于是，电车越来越多。如今，它开始变得碍事要被拆除了。这前前后后不过就六十年的时间，比男性的平均寿命七十岁还要短。

　　人的思想也是，有资本主义思想，就会有共产主义思想和社会主义思想，以及其他很多种思想。这些思想也都会有自己的寿命吧！一定会有，正因为有了寿命，接力棒才能传递给现在这个新的"繁荣主义"思想上来，我们才能对谋求社会进步感到无比的喜悦并怀有无限的期待。

自问自答	新的繁荣主义会是怎样的呢？

11月

思考人性

幸与不幸

世俗所说的幸运之人和不幸之人，这两者的存在都是必要的。如果大家都是幸运之人，或者都是不幸之人，社会就会非常混乱，人类的生活也就无法维持了。

就说戏剧表演吧。只要有人在舞台上光鲜亮丽地表演，就会有人在幕后工作。这两者哪一个我们都需要，否则就没法表演了。从演戏的必要性来说，无论你是名角、大腕还是跑龙套甚至幕后人员，大家都在从事相同的工作。

如果没有那些幕后工作人员，名角、大腕就不能成为名角、大腕。所以，这种运气好的家伙很沾光的想法是很肤浅的。那些因幸运而成功的人士是在顺着事物发展的规律，那些运气不佳之人同样也在遵循着事物的规律。从整体来看，这两种情况都是必要的。所以，只尊敬那些幸运的人，而不尊敬那些不幸的人，这种做法是错误的。我们必须给予幕后的工作人员和名角、大腕同样的尊敬。

不论是在监狱劳动的人还是在议会工作的人，从本质来看也是一样的。只是一方是罪人的角色，另外一方是议员的角色。要是从本质这一宏观角度来看的话，大家都是一样的，是平等的。我认为如果不以这样的方式来看待人类，这个社会就会缺乏真正的美好。

自问
自答

你是否尊敬运气不佳之人？
你是否只是尊敬幸运之人？
如果从更高级的次元来看人类的话——？

感激之情

这已经是很久以前的事情了，希望大家把它当作一个老故事来听。我第一次当学徒的时候，半个月挣了一枚五钱的白铜币。那是六十多年前的事情了，所以大家可能很难理解一枚五钱的白铜币会有多大的价值。但在我看来它非常值钱，具有相当高的价值。话虽如此，也不过就是五钱。那时候，我在大阪的八幡筋当学徒，附近有个点心店。点心店里卖的小馒头的价格是一个一钱或二钱。所以，五钱的话，就是只能买几个馒头。但这也足以令当时的我瞪圆了双眼。

说到为什么我会惊喜得瞪圆双眼，那是因为虽然我是在母亲的身边上的小学，但从来没有见过五钱的白铜币。从学校回家求着妈妈要的跑路费，也只是一钱，是中间穿孔的。拿着它去点心店的话，可以买到两个小糖丸，那是我唯一的乐趣。所以，当境遇突然变化，做学徒半个月拿到五钱的零花钱的时候，我不禁瞪大了眼睛。我得到了从未见过的五钱白铜币，这是多么令人感激的一件事。

拿到工资这件事发生在离开母亲大概半个月以后的冬天，在这之前，一到晚上我就感到孤独寂寞，想念母亲的眼泪不由自主就会顺着脸颊流下来。但是从拿到工资的那一天开始，事情就开始发生了变化。人真是了不起。在孩子看来，这五钱可真是一个了不起的好东西。当然，可能是我已经习惯了，再加上我对这工资心怀感激，于是忘记了思念的痛苦，开始专心于自己的工作了。

> **自问
> 自答**　人对环境的适应完全取决于自己的心态。只要改变心态就能够积极地生活下去了。

虽然这是我个人的看法，但是纵观现实社会，大家的确都是在勤奋努力地工作着。无论是在商店还是公司，大家勤奋努力的程度确实都在增加。我们不太说勤奋努力这种话，实际上，社会就是靠勤奋努力来运转的，因为勤勉所以才会得到成长。这样一想，我就很想跟现在的年轻人也强调一下勤奋的重要性。

如果再进一步深入思考的话，我还是认为习惯对于人类的生存来说至关重要。习惯被称为人的第二天性，它具有非常强大的力量。所以我认为养成良好的习惯非常重要。如果没养成良好的习惯成为懒惰之人，或者养成了不好的习惯，想要中途改掉是相当困难的。这样看来，我认为，在年轻的时候就将自己置身于勤勉努力这种良好的氛围之中，比什么都重要。

自问自答	即便是现在，勤奋努力的重要性也不曾改变。或者说正因为是现在，才必须养成勤奋努力的习惯。

雅量

　　我们不是神，只凭借个人的意志来决定事情的话难免有疏忽。所以我问大家："我想这么做，我觉得必须这么做，诸位是如何考虑的?"对此，大家有好的建议也会有不妥的提案。这时必须否定不妥的提案。

　　如果当事人没有雅量采用好的提案，或者没有采纳意见的心理准备，这样的人就算具备和伟人一样强大的意志力，也难以获得成功。相反，意志力坚定，头脑不是无比聪明，做事也并不完美，但能不断地和别人商量，能够借助外力的人，往往会出乎意料地成就大事，在公司内部也会取得非常好的成绩。

　　任何事都不是一个人能完成的。就算你具有实现目标的意志力，为了实现目标也需要很多人的协助。这时候就会出现两种情况：一种人想着"自己无论如何都想做这个，必须得干"，而采取让更多的人来帮助自己的方式；一种人认为"这个就是最好的，是我的聪明头脑思考出来的，就做这个吧"。

　　这两种想法的确非常极端。实际上，就在极端和不极端之间，还会有多种想法。就这两种极端的思维方式来说的话，我认为坚持这件事非做不可，又借助众人的力量谋求成功的人，取得的成果自然会更大一些。就算这种人自身缺乏智慧和才能，同样也能取得成功。一些人虽然才智过人，但孤立无援，并不能取得成功。无论是在公司内部还是外部，我见到过很多这样的人。

　　我希望大家也能好好考虑一下：如果我们要一起合作，或者为了让大家的智慧能在自己的工作上得到发挥，我们应该如何思考问题。我们必须考虑这个问题，我认为它是非常重要的。

自问自答	个人的雅量决定了成果的大小。

正确的礼仪

当今社会，特别是在现在，那种暖心的感觉越来越少了。在这个时代，我认为需要更多的"润滑油"，也就是服务精神。做生意的人自不必说，社会上的其他人，也不能没有服务精神！不论是对友人，还是对自己的公司、商店，都需要有服务和奉献的意识。即便是国与国之间，疏忽服务的意识怠慢了对方的国家也会落伍。就算不至于落伍，人气也会下降。如果我们在走廊与人碰面，就算是小小的微笑或点头致意，它也是服务意识的一种表现。服务就是一种规范的礼节。

经商的诀窍有很多，其中的一点就是不让顾客花太多的钱，就能享受周到的服务。这样一来，我们也能以实惠的价格提供良好的产品。从这个角度来说，面带微笑这种服务是花钱最少的，还能给他人带来愉悦。我认为这个方法真的是最好不过，（笑）这不就是经商的诀窍吗？

| 自问 | 以最少的经费，为顾客提供最大的喜悦。 |
| 自答 | 持续不断地提供这种服务，就是生意兴隆的诀窍。 |

教导

人类是伟大的，是了不起的存在。能想出任何动物都不可能想到的事情，既能创造出思想也能制作出东西，就是万物之王。就算是这样伟大的人，如果出生后就放任不管，不对其进行人类的教导，也许就只能像野兽一样活着了。

自古以来，众多杰出的贤士，在其幼年时期，都接受了来自父母和前辈的无数教诲和引导。如果没有这些教诲和指导，其难得的贤者素质也有可能被埋没，无法成为贤士。

不教不成人，如果不进行教导，人也不会得到很好的成长。所谓的教导，就是长辈对晚辈阐释作为人应尽的重要责任和义务。我们是否能以坦然的态度，带着作为人的深厚的爱意和热情来完成这个重要的任务呢？

希望大家能够带着更大的热情教导别人，同时也能谦虚地接受教导。可以说，如果没有教育和引导，什么也延续不下去。

自问自答	我们要更加细致地体会"教导"这一行为的美好。

反复传达

无论我们说的是多么好的事，从嘴里说出来后马上就会消失。而听的人也会很快忘记。就算是给人印象非常深刻的话语，不会马上被忘记，过上个两三天也会被忘记，这种情况非常多见。可是这些说话的人，往往认为对方理所当然该记得这些事。因此，很有可能出现这样的情况：说话的人知道对方并没有记住自己所说的话时，就会感到生气，认为"这真是太不像话了"。

要说不像话，确实是不像话。但人的记忆力本身就有其难以完全信任的一面。即使你想要牢牢地记住，也可能转眼就会忘记。我们该怎么做才好呢？

一个办法就是要反复地说。重要的事情，希望对方记住的事情，要一次又一次不厌其烦反反复复地说。两次三次、五遍十遍地说。这样一来，就算是不愿意也会装进脑子，就会记住了。同时，我认为将其写下来也是很重要的。写成文件，只要让对方阅读就足够了。对方如果愿意读的话，就和反复传达的效果是相同的。

自问自答	重要的事情要多次重复，不断提醒对方，或写成文件让其阅读。我们要一次又一次反反复复不断重复，绝不能放弃。

暴露

即便是那些被别人认为不怎么优秀的人，也会有让我觉得"他有些地方不是很厉害吗？是个优秀的人"并深感敬佩的时候。那些别人认为总是发牢骚令人头痛的人，机缘巧合一旦进了我们公司，都会非常努力。那些别的地方认为的缺点，在我们公司反而变成了优点。我认为，这是因为这里不在意他的缺点，只看重他的优点，我们是根据特点来用人的。

我认为任用这样的人并不是什么难事，对员工个人的成长具有决定性的影响。另外，就我而言，假设有性格上合不来的地方，我也会注意不要把它带到工作中去。即便是合不来的人，如果他工作做得好我也会大力任用。尤其在工作上，我觉得自己一直都是极其光明磊落的。这一点也是赢得部下信赖的一个关键吧。

不管怎样，无论什么事情我都极其认真。因为一旦失败就要"流血"，所以我每天都在拼命地工作，不论是对员工的赞扬还是批评，我都非常认真。把自己原原本本地呈现出来，毫不粉饰自己，和部下坦诚地交往。这样一来，部下就很容易了解和把握我到底是怎样一个人，在这个过程中，我感觉许多人都有了愿意帮助我的想法。

　　　　　　　　不打扰别人

　　人是渴望劳动的生物。如果你叫他"去玩吧"，当时他会觉得不错，可时间一长，就会感到困扰。他已经做好了准备投入工作，你就不要去影响他，这才是最好的用人的方法。我们最需要注意的就是，一个人明明想工作，你却做出一些让他厌烦的事情。不论是谁，如果工作方法不得当，就会觉得工作无趣，心里就会想着不如今天休息一天。因此，我们必须让大家按照自己的想法工作，充满兴趣地工作，这样才行。这样用人才能更加得当。

　　我平时也非常注意尽量不要打扰在拼命努力工作的部长。当然，这并不表示我什么都不说。作为社长，必须说的话我还是会好好地告诉他们。只是我不会采用打扰他们工作的说话方式罢了。怎么说呢？他们经常会说"在他手下工作比较容易"或者"他很理解我"等。究其原因，就是我不会去打扰他们工作吧。

自问 自答	人总是有一种为工作而做好准备的倾向。所以不要去打扰别人。不妨碍别人影响着事情的结果。

燃烧着斗志

　　我生来就不是很壮实，自从开始独立制造电器以来，我也会经常生病，时不时就会卧床不起，就像半个病人一样，就这样一直坚持工作。所以，就算自己想要站在最前头去做这样那样的事情，也很难按照自己想的来进行。索性我就将很多事情交给我认为合适的部下来做。因为自己的身体状况欠佳，所以在委托的时候，就不能模棱两可，必须下定决心果断委托。比如，我会告诉他们："你们只要跟我说重要的事情就可以了。剩下的按照你们认为正确的方式去做就行了。"这样一来，受到托付的一方往往会觉得："社长生病卧床不起，所以被委以重任的自己必须好好干。"于是，他们就会奋发图强，发挥出自己十二分的力量。这些燃烧着斗志的人，在充分发挥自己力量的同时，还会和其他人合作向着同一个方向努力达到既定的工作目标。这时就会出现一加一能等于三，甚至是四的状况，而这一组织往往也能完成一些重大的工作。通过这些经历，我意识到人真的是非常伟大，有着无限的潜力和可能性。

自问自答	人能把一加一的力量变成三甚至是四。 我们自己是否燃烧着斗志？ 我们自己周围的人是否也燃烧着斗志？

认同

我曾在一个地方读到过这样一个故事。楠木正成的家臣中有一个叫"哭男"的人，非常擅长哭。只要他一哭，周围的人就会不由得落下眼泪，其他家臣都不喜欢他。在某次战役中，正成假装自己战死，让"哭男"装扮成僧侣，装作十分悲叹为正成祈冥福。因为他哭得太真实了，敌人竟然完全相信正成战死了。正在敌人放松警惕的时候，正成瞅准时机，出其不意地进行袭击，最后获得了战争的胜利。

像"哭男"这样的与武士身份并不相称的家臣，也得到了正成的认可。正成还思考如何发挥他的特点并制定了作战方案，取得了战果。我认为这就是正成被称为名将的原因。可以说，这也和认同每一个人原本的样子，通过适当的安排让大家发挥自己的作用这种人道主义的思维方式是相通的。

在现实的企业经营中，除了有资历问题还会有许多其他的问题，要百分之百地量才而用有一定的难度，但我认为，我们先要认同每个人的特点，尽量发挥所有人的作用。这一点非常重要。

| 自问 | 你是否发挥出了自己的特长？ |
| 自答 | 你是否让大家发挥了各自的特长？ |

　　我认为，人是有两面性的，比如在受人所托做什么的时候，就会有"根据利害关系来行动"和"不会仅凭利害关系去行动"这两种态度。说话人的态度傲慢，或者让人感到有些狂妄的话，即使这件事情对自己有很大的好处，有人也会拒绝。相反，即便对自己来说是个负担，甚至会造成损失，如果请求者的态度非常礼貌，充满诚意的话，有人就会不知不觉被其诚意打动，最后接受了请求。我认为，人和人之间的关系就是靠这种无法用道理来解释的微妙的心理建立起来的。

　　因此，应该在充分了解这两种心理活动之后，再去拜托别人做事。我认为大家掌握了触及人类微妙情感的行为方式，就可以构建起更加和谐的人际关系。

| 自问自答 | 一定要彻底地了解一个人。如果在委托对方一件事情之前充分了解了这个人的话，彼此就可以建立更好的关系。 |

体谅

我笑着说了下面的话："比如，你和课长一起加班到深夜。你年轻能保持精神饱满，而年长的课长应该会感到疲惫吧！这时，你会不会对课长说'课长，我来给您捏捏肩膀吧'这样的话？因为公司是工作的场所，可能确实没有那样说的必要。不过你突然说出这样的话，课长一定会感到莫大的安慰！很少会有人说，'那就来捏下吧'。大多数情况下，他会说，'不，不用了，谢谢'。但是，就这一句话，在课长的心中，给他带来的喜悦会远远胜过按摩。课长说不定还会用亲切的语气说，'让你留到这么晚真是抱歉啊！你肯定有约会的吧'。"

我认为，在这种心意相通的感情中，有促使工作顺利开展和创造出新事物的动力。所以，希望你不仅对上司，对周围的人也能自然而然做到体谅对方。只要成了这样的人，你的工作成果就会大幅度提高，不是吗？

实际上，这样的行为，既不是奉承也不是刻意讨好。尊敬长辈，体谅疲惫之人，这是人之常情。我认为体谅他人是理所当然的。

自问自答	我们最好能以富有人情味的状态自然地活着。 最好能够坦诚地关怀他人，满怀体谅之情与人交流。 我们应该理所当然地做着作为人理应要做的事情。

羁绊

夫妻在一起生活久了，有时就有人会问："夫妻之间最重要的是什么？"虽然我不知道自己是否适合回答这个问题，但是，就我个人来说，我认为非常重要的事情只有一个。那就是，妻子要适当地称赞自己的丈夫，认可他的优点，并坦率地把自己的想法告诉丈夫。丈夫也要夸奖妻子。我认为表扬是一种体谅，是把彼此相互紧密联系在一起的一个非常重要的纽带，不是吗？

迄今为止，我见过许多夫妻。可以说，关系不太融洽的夫妻，彼此大多不怎么赞扬对方。相反，关系融洽的夫妻，大多都会在说话的时候大方自然地夸赞对方。男人，或者说人，被别人夸奖也是会非常高兴的。要是能被自己的妻子或是丈夫夸奖的话，就一定会感到格外高兴！

自问自答	你现在是否擅长夸奖对方？ 你们之间的关系是否牢靠？

嫉妒心

如今，在我们的生活中，大家认为精神文化要比物质文化低一级。也就是说，我们对于宇宙精神法则的研究远远落后于对物理法则的研究。我认为这是造成今天之不幸的最大原因。

要说为什么精神法则的研究如此迟缓，是因为比起物质定律，精神法则难以捕捉和把握，有许多十分模糊的地方。比如，精神法则之一便是嫉妒心，这是一个规律。虽然释迦牟尼也曾说人有嫉妒之心，但这并不是释迦牟尼的首创。这是宇宙根源之力赋予人类的一种法则。释迦牟尼只是注意到了它的存在，这就好像牛顿发现了万有引力一样。

因此，如何利用这项法则做事就成了一个问题。这种嫉妒心是一种宇宙法则，无法消除，正如我们无法消除万有引力一样。然而，如果我们没有意识到这是宇宙法则的话，就会致使人类陷入不幸，妄加滥用的话就会使人变得非常丑陋。如果过度利用嫉妒之心，这就跟没有意识到这一法则的作用是一样的。因此，嫉妒心必须保持适度才行。也就是说，适当的嫉妒能使人情感高涨，使人类的生活变得更加和谐。总而言之，要研究和解明精神法则是相当困难的一件事。

自问
自答

你的嫉妒心是否适度？
你的嫉妒心是否恰到好处？
一定要做到恰如其分的嫉妒。

尊重差异

　　我们到了五六十岁，仍然坚守社长这个需要承担责任的岗位，那么一定就要知道，虽然我们完成了自己的工作并且取得了出色的成绩，但这并不是仅凭一个人的力量创造出来的。取得成果是因为我们有部下，有周围这些三四十岁的员工的协助。当然我们的经验也发挥了作用，一定要非常清楚地认识这一点才行。

　　另外，三四十岁的人也要清楚之所以能够更好地发挥作用，是因为受到经验丰富的前辈的引导。如果你能认识到随着年纪的增长，将来自己也会和这些前辈处于同样的立场，你就会抱有一种虚心学习前人经验的态度。

　　丰富的经验、超群的智力和旺盛的体力等，因为年龄的不同，大家发挥的作用也就不同，有人有丰富的经验，有人有旺盛的体力，也有人有超群的智力。但无论是年轻人还是年长者，如果我们能够相互尊重这些差异，就能更好地发挥各自的力量。这样才能更好地促进社会的发展，不是吗？

> **自问**
> **自答**　不论是男女老少，国内国外都要接受这种多样性。换句话说，就是要发挥出大家各自不同的优势。

七分优点

人既有优点也有缺点。在工作中，努力发现大家不同的优点非常重要。我们看到他的优点觉得他是一个非常出色的人，就应该放心大胆地任用。另外，这个人也会因为自己的优点得到认可而非常开心，一定会鼓足干劲努力地工作。有了这样的劲头，不仅工作的效率会提高，人也会得到更好的成长。

如果我们只着眼于一个人的缺点，就会觉得这个人这一方面不行，那里有问题……这样一来就很难下定决心任用他。一个人被这样对待的话也会觉得无趣，就会退缩不前，难以获得充分的成长。

虽然做事情不能只看优点而不看缺点，但是我们应该主要看人的优点，并留意去发展他的优点。我认为，对人要采取优点七分缺点三分的看法。这是很重要的。

自问
自答

你是否能够客观公正地评价一个人？
你是否能以看七分优点三分缺点的心态来看待他人？

人的真实面目

譬如，现在有一名员工，我们应该让他做点什么工作呢？我们经常会遇到这样的事情。此时，判断这个人是否胜任某一项工作就成了一个极其重要的问题，经营者需要做出准确的判断。实际上，我们往往不是很了解他。当然，我们可以通过聊天来观察他，或者对他再进行一些才能方面的测试。这些方法可以帮助我们在一定程度上了解这个人，但其真实的面目还是很难完全弄清楚的。

> **自问自答**
>
> 能在一定程度上判断一个人是否胜任工作，然而，他的真实的面目我们无从知晓。希望你能带着这样的想法与人工作。

来自知识的束缚

被誉为汽车大王的亨利·福特曾说过："越是优秀的技术人员，越能明白'做不到'理论。"

这到底是怎么回事呢？在企业经营方面，福特以发明生产流水线为开端提出了许多颇具创意的想法。当为了在工厂里验证这些想法，他去找技术人员商讨的时候，有很多人都说："社长，这事是行不通的。咱们做不了。就算从理论上来考虑也是行不通的。"越是技术高超的人，否定的态度就越强烈。福特不无感慨地说："这真是让人头痛！"

我认为福特的这句话中蕴含着一个真理。在我国也经常会听到"知识分子很软弱"这句话，实际上，我们自己也经常说。但仔细想想，知识分子很软弱这句话非常奇怪。刻苦钻研学业，有着深厚知识的人是不应该软弱的。而且，我认为在这个世界上，没有掌握一定的知识的话，很多事情是无法做到的。那为什么知识分子会被人认为很软弱呢？我认为如果这个人被自己掌握的知识束缚住了的话，就会变成这个样子吧。

大家是否被既有知识束缚住了？
面对一些新事物你是否会先说出做不到？

鸡尾酒

我认为，无论是国家、团体，还是公司，只凭借某一个贤人的智慧独断经营是不行的。虽然被称作伟大、贤明的人的确拥有值得人们尊重的才能，但是我认为依靠一个伟人的智慧和才能来开展独裁式经营，是绝对不可以的。只由一个人进行专制统治，国家就会变成希特勒或墨索里尼当政时那样，就算能够获得一时的发展，终归还是会走向灭亡。所以，我认为专制的经营是不可行的。

若是如此，那怎样的经营才算是好的呢？如果要说最好的经营是什么，我认为它是要基于众人的智慧，基于全体员工的智慧而开展的经营。

人既不是神也不是动物，人就是人。这些来自众人的智慧，能发挥神奇的作用。如果我们将全世界的智慧像鸡尾酒一样巧妙地加以调配，就会收获难能可贵的众智。居于核心位置的重要人物，不只依靠自己的智慧，而是能凭借和活用众智，一定会获得伟大的成果。

自问自答	如果我们能集众智并巧妙地加以调配，就会获得伟大的成果。我们与众智还有多远的距离？

减少疾病

如果拥有一颗素直心，那么我们不仅可以了解事情的真相，也可以明白世间的道理。你也就不会站在个人立场以自己为中心来考虑问题，不会只凭借自己的感情和利害得失来判断是非。随着自己心性的提高，你就会感到融通无碍，自由自在。

因此，那些因感情得不到满足而产生的苦恼，因利益受损而产生的烦恼，以及事情进展不顺而导致的焦躁，诸如此类的消极情绪就都会消失。而且，我认为拥有素直心能使人保持安定和平和。这样一来，那些心理方面和精神方面的疾病，就会因为我们拥有素直心而逐渐减少。

自问 自答	素直心是应对社会压力的良方。 希望大家不断地培养和提高自己的素养。

出国的资格

今后，将进入更加深入的国际化时代，这些将支撑起日本未来的年轻人应该如何生存才好呢？至少要懂得什么，或者说应具备的最基本的条件是什么？关于这一点，我想和大家一起来思考一下。

当然，这种问题的答案会有很多。我认为，正因为身处国际化时代，所以我们先要正确地审视日本。"我们日本不行，也没有什么好的东西。我们日本人真的就是那种不值得信赖的国民。所以不能相信"，这样的话是绝不能漫不经心地脱口而出的，心里也不能有这样的想法。这些不负责任的话，不仅使日本这个国家得不到大家的信赖，而且大家也不会信任说出这番话的人。我不希望这样的人出国。不，我甚至认为他就没有出国的资格。

在国外或者与外国人交往之前，我们必须先认识自己的国家。如果都是日本人，就要能仔细分辨和表述日本的每一个优点和缺点。你要能毫无顾虑地讲述其优点，在被问到其缺点的时候也要能明确回答。最后，希望你能怀抱信念充满信心地这样来表达："日本人正服务于世界。如果我们能成为您的朋友，这对您是有帮助的。我们决不会给您增添麻烦，也不会做出伤害您的名誉的事情。"我希望你们能成为这样的人。

自问
自答

"日本是一个不错的国家。"希望在了解了它的优点和缺点之后，你成为能够这样表达的人。

再来一次

不管做什么事情，只要立下了志向，就算中途遇到了一些小的挫折，或者失败，也不能认为"已经没什么希望了。不行了"，就轻易地放弃。如果内心如此懦弱，的确难以成事。一定要知道世间事物都是在不断地变化，即使一时不得志，也不要气馁，要重新振作起精神，心里想着"我要再干一次看看"，再一次坚韧踏实地努力尝试。如此一来，周围的形势往往就会朝好的方向转变，从而开辟出一条新的道路。这世上许多的失败大多因为没有足够的耐心，在成功之前就过早放弃，不是吗？

当然，也不能因为一些事情的束缚，就一味地执迷不悟。过于拘泥于一件事，不断向着偏离轨道的方向努力，不管你如何坚定地付出和坚持，想要提高成果也不容易。因此，对于事情的成与败我们要有一个清晰的判断和认识。

在经过仔细思考之后，如果你认为这件事情合乎情理，那就不要轻易放弃，而是要鼓励自己"再干一次"，重新挑战。这才是最重要的，不是吗？

我认为这种"再干一次""再来一次"的勇气和韧性一定会改变我们眼前的事态，为我们开拓出一片新天地。

自问
自答

一直不曾放弃，坚持努力到现在，却不知为何没出成果？顽固，执迷于偏离轨道的方向，没有收获的原因不就在于自己吗？

人的本性

《十七条宪法》第一条写道："以和为贵，无忤为宗。人皆有党……"这里所谓的"人皆有党"是说，人一旦聚集在一起，自然就会形成各种不同的集团和党派，这是人的本性，也是现实状况。换句话说，暂且不论好坏，人有结团建党的本性，我们要承认这一事实，还要容忍。因此，从这一点来讲的话，这的确与现实有相通之处，而圣德太子在宪法的第一条就将此道破了。

今天，在政治等领域，大家都在呼吁解除派系。确实，一味地组织派系，拘泥于派系的利益，搞分派活动，扰乱整体的和谐，这绝不是什么好事。如果建立派系是人类的本性之一，无论怎么努力也无法改变，那么要强行解决这个问题，反而容易产生弊病。因此，重要的是，我们要认可派系是基于人类本性的产物，不能沉迷于追求自己一方的利益，为了共同的繁荣，要妥善对待彼此，让大家都能发挥作用。而在这个时候我们就需要这种"和为贵"的精神。关于这些事情的叙述，早在一千三百年前的国家宪法上就已经有了明确的记载。

自问自答	我们要接纳那些人性的产物！ 我们要接受事物本来的样子！我们要实现以和为贵！

人类观

我的经营理念的思想基础是我的人类观。如果用一句话来讲，那就是人类是一种伟大而崇高的存在，堪称万物之王。在遵循生成发展这一自然规律的同时，人类不断发挥着自己的作用，并且活用世间万物，使人与万物的共同生存得以延续。而我认为只有人才拥有这种天赋。

关于人类，过去就有各种各样的看法。一方面，作为"万物之灵长"，有人认为人类非常强壮伟大；另一方面，也有将其卑微弱小化的看法。这是因为现实生活中的人，呈现出了各种各样不同的样态而造成的。人类在创造出高度文明的同时，也不断地制造出了诸多的烦恼、争斗和不幸，这也是人类一直都有的另外一面。因此，在西欧有人认为人类是位于神灵和动物之间的生物。既有像神的一面，也有劣于动物的一面，这就是人类。

我当然并不否认人类在现实中呈现出的这种姿态。打个比方，人类的内心具有既趋于神也趋于动物的一面。如果将拥有多种层面的人综合起来看的话，我认为人类的确有着作为万物之王的伟大本质。

万物之王，这种表述或许有些不够谦逊。我认为所谓王者应该在拥有支配、使用一切权力的同时，又有一颗慈爱公正之心，并且肩负着使万物生存与发展的责任和义务。这就是"人类是王者"的意思，绝不是单纯为了满足自己的欲望或感情而随意支配万物。

| 自问自答 | 你是否有自己的人类观？ |

众智

　　根据收集方法、组合方法的不同，一个集团会获得各种不同的众智。而这个世界上因为有大大小小很多不同的集体和组织，所以从整体上来看，众智的种类就有成千上万种。其中最高的阶段，如前所述，是纵览古今将所有人的智慧协调融汇在一起的、集合的，称为睿智的真正的众智。

　　当我们收集到真正的众智的时候，人类自然就会成为真正的万物之王。与此相对，在现实生活中，如果收集的是各种阶段的众智，这也可以称之为小王者了。小王者与汇集了古今众智的真正的王者相比，其作用相对会小一些，这是理所当然的。不过，我们大家依然要留心努力去收集这样的众智。因为，人类据此才会逐渐走上真正的王者之路。

　　从这个意义上来讲，不论是家庭、公司、团体、国家，甚至是整个世界，大家在任何情况下都不要被个人的感情和利害得失束缚，要以素直心就"到底什么才是正确的"这个问题来交换意见，并注意收集意见。

自问
自答　　集思广益。我们能做到什么程度呢？

王者的自觉

经营者是其经营体的"王者"。经营者拥有可以任意使用经营体中一切人力、物力、资金等的权利。他也担负着使经营体无限发展下去的责任，所以应该对人力、物力、资金怀着爱与公正和充分的关怀之情，采用最能发挥它们各自作用的方式。

如果经营者作为经营体中的王者缺乏对自己权利和责任的认识，那么其经营也绝不可能取得好的成果。

人类是万物之王，遵从自然界生存和发展这一自然法则，肩负着让人类和自然界万物共同生活与无限发展的职责。经营者要有充分的觉悟和意识，也就是说，经营者要以人类整体为思考的出发点确立自身的人类观，在经营体中要有作为经营者的自觉，从而开展这种有坚定信念支撑的强有力的经营活动。

自问自答	你要拥有自己的人类观，要认识到作为王者的权利和职责。在经营上，也要完成王者必须完成的工作。

生成发展

所谓生成发展，用一句话来说，就是日新月异，不断地变化和发展。每一天都是崭新的，每一个瞬间都是不同的。每一天都是重生，每一个瞬间新的生命都在跃动。

换句话说，旧的事物在灭亡，新的事物不断产生。一切都不会是静止的，事物在不断地变化，不停地运转。古老的事物终将灭亡，替代它的是一个接着一个的新事物。这样的状态，就是生成发展的状态。旧事物消亡而新事物诞生，一切都是遵从自然发展变化规律的，这是我们人力无法动摇的宇宙法则。

这样一思考，我们就会明白，从生到死实际上都是生成发展的样态。所谓死亡就是消失或毁灭，同时它也孕育出了一个新的萌芽。在不断的死亡之后都会有新生命的诞生，我想这就是宇宙的法则，是生成发展的样态。

自问自答	生和死皆为生成发展，这就是宇宙法则。 我们要遵循自然法则走好自己的人生之路。

生死观

迄今为止，人们只是本能地畏惧、忌讳和厌恶死亡，有难以忍受的恐惧心理。还有各种各样的教诲也都是在阐释死亡究竟有多么恐怖。我认为，这是人之常情，也确实不无道理。人们正是受到了"恐惧死亡，逃避死亡"这种本能的驱使，才有了各种各样的迷信，导致了许多混乱。

为了实现繁荣、和平、幸福，我们必须对死亡有清晰的认识。赞美死亡的确是一种反常的想法，我们要做的并不是要赞美它，而是要立足于真理，树立一种遵循自然法则从容面对死亡的生死观。

对此，生成发展的原理早已给出了解答。换句话说，站在生成发展的原理上，死亡，既不可怕，也不可悲，更不是什么痛苦的事情，就是生成发展中的一个过程，是万物自然生长的姿态。所谓死亡，它是遵循宏大的天地法则的一种状态，大家应该为此而感到安心和喜悦。

自问自答 | 畏惧死亡，想要逃避死亡。希望你能承认这是本能，找到自己的关于死亡的明确的认识。

　　我希望能用"有缘"这样一个圆圈把大家连接起来。为此，我们必须接受和认可对方真实的面貌，并从整体上来思考如何实现和谐与共同繁荣。这是我们人类的生存之道。希望大家能够集思广益，聚集众智，迈着强有力的步伐走在人世间这条生成发展之路上。

自问自答	我们要思考这个社会如何才能不让任何人落伍也能在生成发展的大道上不断地向前迈进。这才是人类的生存之道。

境遇

逆境，是赋予一个人最为宝贵的历练。在此境遇中锻炼出来的人的确是坚韧不拔，这是毋庸置疑的。自古以来，伟大的人都曾在逆境中经受过磨炼，有着诸多不屈不挠顽强生存的经验。诚然，逆境是可贵的，不过，过于推崇这种观念，执着于此，认为只有身处逆境才能成就人，这就成了一种偏见。逆境诚可贵，顺境也很宝贵。总之，无论我们身处逆境，抑或顺境，都要坦诚地生活在自己身处的环境当中，不要忘记胸怀一颗谦虚之心。

如果我们失去了坦诚，在逆境中就会卑屈，在顺境中就会滋生自负。不论所处的是逆境还是顺境，都是当事人在那样一个特定的时间内被赋予的一种命运。在那样的处境中我们只需要坦诚地面对。

素直使人坚强、正确、聪明。不论是在逆境中坦诚生存下来的人，还是在顺境中素直成长起来的人，就算大家所走的路不同，也会同样坚韧、正直和聪明。

希望大家不受束缚，不谄媚、不任性，素直地生活在各自的境遇当中。

自问自答	要素直地生活在自己的境遇当中。 不受任何束缚，不谄媚、不任性，谦虚地素直地生活。

遇到困难不困惑

世界是广阔的，人生是漫长的。在这个世界上，在我们的一生当中总会有各种困难、艰辛和许许多多让人苦恼和痛苦的事情。人人都会有，只是程度各有不同，并非只有某个人才会遇到。

这时，究竟该如何思考，如何对待，这就决定他是会幸福还是会不幸，是会飞跃还是会后退。"这太难了！怎么办？没办法啦！"如果你感到无能为力，消极地思考问题的话，心胸就会越变越狭小，最后就会失去自己难能可贵的智慧。以前，你会觉得那些很轻松就能想清楚的事情，也很难厘出头绪。到头来，就会将失败的原因和责任全都推卸给别人，而自己会因为不满而心灰意冷，因为不平而伤害自己的身体。

如果我们能勇敢果断地行事，那么就是厄运也会躲避。不要畏惧困难，要重新思考，坚定信念向前迈进，这时候困难就会变成我们进步的基石。关键就在于我们的思考方式，在于我们的决心，在于我们遇到困难一定要不焦不躁、不困惑。

人心就好像孙悟空的如意金箍棒，真的可以做到自如伸缩。而正是因为人有这样一颗自在的心，在遇到困难的时候，我们才会想要开拓出一条强劲有力的梦想之路，并在自己梦想的道路上充满信心砥砺前行。

| 自问自答 | 遇到困难不困惑，一定要果断行事。你是否都能做到？你能，你一定能。 |

道路

　　每个人都有属于自己的道路。虽然我们不知道它是一条什么样的路，但是我们知道它是除了自己别人无法走，不能从头再来，无可替代的唯一的道路。这条路有时宽阔，有时狭窄，既有上坡也有下坡。有时它坦坦荡荡，有时也需要我们披荆斩棘力排障碍，它会累得人气喘吁吁浑身是汗。

　　这条路究竟是好是坏，有时我们无从思考，也弄不明白。有时我们也想寻求安慰和理解，但是终究这是只属于我们的一条路，不是吗？

　　所以我们不能放弃。如今，我们正在走着的这条路，无论如何我们都要不停歇地奋力走下去。因为这是一条只有自己才能走的甚为重要的路，是一条独一无二的无可替代的路。

　　别人的道路固然令人神往，如果我们就此而止步不前，一筹莫展，就无法开拓出自己的道路。为了开辟道路，我们必须先向前推进，下定决心，拼命前行。即使路途遥远，我们也要砥砺前行，在我们不断努力的过程中，一定会开辟出新的道路，也会收获各种喜悦。

自问自答	自己今后的道路，这条只属于自己的道路，将会呈现出怎样的姿态呢？

人的成功

有句谚语是"福无双至"。换个角度来看，就是说上天一定会赐给人某一种福气。也就是说，每个人都会拥有不同的天分和特质，就是万人有万相，也可以认为命中注定。我们每个人都会有不同的生活方式，做着不同的工作。有的人有成为政治家的天分，而有的人则会成为学者、技术人员、商人等，大家都分别拥有不同的使命，具备与众不同的才能。

所谓成功，就是将自己的天分，原原本本、完完全全地发挥出来。我认为，这才是作为人最为正确的生活方式，既满足了自己，又提高了工作成效，同时还为周围的人带来了喜悦。从这个意义上看，这才是真正"人的成功"，不是吗？

成功的形式自然会因人而异。有的人会成为大臣，他完成了自己的使命就是成功；而有的人则会成为棒球选手，能活跃于世界舞台就是成功。也就是说，我认为成功的基准并非社会地位、名誉和财产，而是充分利用自己的天分发挥作用，这才是成功的标准。

自问自答	成功的形式因人而异。 你是否完全发挥出了自己的天分？

发现天分

事实上，要知道自己的天分或特质在哪里并不容易。它们的存在形式并不单一，也不容易被发现。这看起来或许有些不合理，但我认为，其中蕴含着人生的精彩和趣味。如果轻而易举就能了解，是不是就缺少了很多的乐趣？虽然要掌握其中的究竟并不容易，但我认为在这个努力追求的过程中，潜藏着一种无法言喻的人生趣味。

我们先要知道发现天分就是这么一回事儿。那么用什么方法来寻找天分才好呢？我认为，必须先心怀找到天分的强烈愿望。第一个需要做的就是要时常把"我想成功，但是为此，我必须发现自己的天分，无论如何我都想找到自己的天分"这种强烈的想法藏在心里。如果这种愿望非常强烈，你在日常的生活中自然就会发现自己的天分。比如，有时候你会听到自己内心的声音吧，所以你也会基于某种时机或事件，就会知道自己拥有未知的天分。另外，还有收到别人建议的时候，或者有人告诉你，"走这条路是不是会比较好"，这时如果自己的愿望足够强烈，你就能有茅塞顿开的感觉。如果愿望不够强烈的话，这就如同"对牛弹琴"，即便是再用心良苦的建议也会无济于事。因此，我认为先要有发现天分的强烈的愿望。为此，就要一直保持一颗素直心。如果缺乏素直心，往往就会过高地评价自己，或是曲解他人的建议，容易向着不正确的方向发展下去。我们要抱有强烈的愿望和素直心，为发现天分做好准备。

自问自答 天分尚未发现。因此，我们要满怀强烈的愿望去寻找。只要愿望足够强烈，发现它的契机就一定会到来。

顺应天命

　　自古就有"尽人事听天命"这样的说法。这是历久弥新的真理。人在任何时候，都必须做好自己力所能及的事情。如果你经过思考，相信这是正确的就必须全心全意地去做。

　　要是尽了人事，事情就一定能成功或者说事情就全部解决了的话，往往也并非如此。因为还会有非人力所能及的强大力量在那里做功，我们称其为天命。你有你的命运，我有我被赋予的天命。我认为，我们有必要素直地遵从这个天命。

　　这种尽了人事不知道等待天命的作风，现在看来就是"因为我做了这么多，所以必须得到这么多的回报"。这看起来是理所当然的，却也是导致苦恼和纷争的一大原因，不是吗？

　　我们今后一定会遇到各种各样的困难。我希望大家无论何时都不要丢掉志向，不被私心束缚，尽自己所能去努力。然后，静待事态的发展。我们一定会发现一些事情在符合预期地发展着，同时也有一些事情背离了我们的意愿。我认为，这就是超越人力的某种力量做功的结果。

　　任凭何种力量做功，我们都无须惊慌失措。只要我们尽了自己所能，我们在这样等待的时候，下一条新的道路自然就会向我们敞开，难道不是这样吗？

自问自答	尽了人事却不知等待天命，你是否已经过了这个阶段呢？

前些日子有一个杂志社记者过来，他跟我说："松下先生，我们想登载您的成功经验，您能不能就关键的地方跟我说一说，先让我听一下？"（笑）说得真是轻而易举。因为问我的问题是"您能取得今天的成就，都用了什么样的苦心"，所以我凝神思考了一下。

结果发现什么都没有。这是真的。于是我就说了："就是这个问题，我说不出什么。如果硬要说的话，应该是自然而然就变成了这样吧。"接着我又说："这样的话，那就没法报道了。"（笑）"我跟你说，这可能成不了一个报道，不过我真正的心境确实如此。我不觉得自己比别人学习更用功，或者我比别人的身体更强壮，头脑更聪明。比我厉害的人有很多，但是不知不觉就变成了如今这个样子。于是，人们常说我是成功者。这让我觉得有点不好意思。仔细想来，我就觉得自己还是有这样的天命吧？只能这么来想。"大概就是这么回事。（笑）

真正的胜负

K 先生直截了当地告诉我说，他在生意上有时会有疑虑，这影响了他的判断，成了他经营上的弱点。这样一来，他非常担心自己公司的发展会出现问题。所以，出于对 K 先生的鼓励，我用稍微强硬的语气与 K 先生进行了交谈。

"不对，像你这样充满热情的人如果不成功的话，这真是不可思议。工作上越是拥有热情就越能成功，这才是事业本来的样子吧？没有成功，就说明缺少真正的热情，对吧？我相信只要你真正充满热情地认真地去做事情，一定就会获得成功。我们是在说做生意，做生意就和一决胜负是一样的。我认为徘徊在砍别人脑袋和自己被砍之中，是谈不上胜出的。一定要胜出，必须取得成功。也就是说，做生意就是要取得成功，只有成功了，才算是你真正地做了生意，也算是你做了真正的生意。"

假如哪笔生意出现了问题没有取得成功，那我们就必须考虑这是经营方式不得当造成的，并不是时代不好，也不是经济状况不好，更不是客户的问题。应该想到这都是自己经营得不好，是经营者的经营不够得当。我认为我们不能有"做生意就是时而亏损时而赢利"的想法。即使社会不景气也要保持良好的状态，如果经济很景气，就必须保持更好的姿态。真正的商人、真正的经营者，在经济不景气的时候，他们反而会借此机会巩固事业基础，等待向上发展时机的到来。

我是想用我的方式来讲明白做生意这件事，阐明经营的真实面貌，也不知道是不是说清楚了。但是，我认为迄今为止我对经营的思考和看法基本没有什么改变。

> **自问自答** 事业必须取得成功。只有获得了成功才能算是干了真正的事业。如果没能成功，就是我们自身存在不当之处。希望你能这样思考问题。能这样思考那就成功了一半。

美好的时代

据说，在战国时代，堺的商人在和织田家族做交易的同时，也和织田的敌方毛利有商业往来。也就是说，"对于堺的商人来说，来买东西的都是客户，不需要先判断对方是敌人还是朋友才考虑是否做买卖，这就是堺的商人的好处"。

如果以生意为中心来思考的话，我认为这样的做法是正确的。因为商人肩负着提供商品的使命，所以那种基于讨厌就不卖或基于喜欢就出售的行为，是商人走上了歧途的表现。我认为无论多么憎恶对方，或者多么喜欢对方，做生意就必须怀着商人应有的公平公正的心态。而我们的祖先就是这么走过来的。在某些情况下，就算可能会被误认为是站在敌人一边而被杀害，他们也毫不畏惧，堂堂正正地做着生意，一路走了过来。

不仅堺的商人如此，长久以来，商人就不分东方人还是西方人，即使在战乱的街头小巷可能会被流弹击中，即使是冒着死亡的风险，他们依然会毫不退缩地做着生意。

如果我们从这一点来考虑的话，如今我们面对的经营环境无论多么艰苦都算是乐观的，我们正值一个美好的时代。就算面临混乱或萧条的情况，只要不改天换地，生命就不会有危险。所以，我认为千万不能被一时的状况左右，做事的时候必须避免摇摆不定犹豫不决。

自问 自答	没有比现在更好的时代。 这样来思考的话，我们就不会被困惑和痛苦左右或束缚。

推动社会发展

只想着扩大自己店铺的规模，获得更多的利润，我总觉得这种想法是有缺陷的。有很多类似的事情也的确到了需要仔细考虑的时候。我的着眼点在更高的地方，着眼于要和社会共同发展，要对社会有益。我的事业观和人生观也在逐渐改变，现在我对自己的定位就是，我是推动社会发展的一员。

这么一想，一直以来都觉得很辛苦的事情就变得不值一提了。相反，以前认为的辛苦转变成了奋斗的喜悦。以前我只是觉得工作很辛苦，但因为是自己的生意，所以也没有办法。现在做的是和以前一样辛苦的工作，我却完全没有了无可奈何的想法，辛苦的事情变成了令人开心的崇高的事情。因此，每当碰上艰难的工作，我都会从心里涌现出新的勇气，全力以赴投入到事业中去。

| 自问自答 | 我们要和社会共同发展，要把自己看作推动社会发展的一员。这样思考，辛苦的事情就会变成令人喜悦而备感崇高的事情。这样一来，每当碰到了艰难，我们就会涌现出新的勇气。 |

心理准备

我认为，在日常工作中，没有无须费心也能顺利发展的事情。因此，这样或那样的烦恼和担心，反而是不可缺少的。

要说辛苦的确非常辛苦，要说痛苦确实也非常痛苦。虽说如此，我认为不论怎样的担心和烦恼，都会有大家生存下去的土壤。换句话说，作为干部会有很多烦恼和不安，这是理所当然的。假如自己感到厌烦，辞职就好了。大家必须提前就做好心理准备。只有这样考虑我们才能真正认识到：正因为有这样的担心和烦恼，自己才会学习和成长；正是这些刺激成为大家的良药，从而产生了新的创意，制造出了更加出色的产品。我们要以这样的想法消除所有的担心和烦恼。我认为只有这样，一名干部才能发现自己人生的意义，也才能感受到工作的乐趣。具有这样的姿态非常重要。

自问
自答　作为一名干部，一定要先做好心理准备，这样才能把烦恼和担心变成刺激和良药。

大齿轮和小齿轮

我认为人是平等的。为了让这点在实际生活中有所体现，礼节就成了不可或缺的类似润滑油一样的存在。再好的机器，如果没有润滑油就会火花飞溅而磨损，最后可能就连整个机器也将不存在了。与此同理，如果没有了礼节，人也将不复存在，也就不能称之为人了。

机器是平等的，无论是大的齿轮还是小的齿轮，它们的重要性不会因为个体大小的不同而有什么不同。为了能让它们顺利地咬合运转，润滑油就变得非常重要，不可或缺。大大小小的机器都很珍贵，为了机器能顺利运转，润滑油就是必要的。同理，职场中的前辈和晚辈之间，晚辈应该以什么样的态度对待前辈？前辈又应该以什么样的态度对待晚辈？我们需要认识到：想要获得令人满意的职场氛围和人际关系就要重视礼节。礼节的作用就如同润滑油。

自问 自答	《论语》中有"克己复礼"之说。我们自己是什么样的齿轮，是否在职场中做到了重视礼节？

人们常说"罗马建成并非一日之功"。也就是说，世间的万物都有其存在的道理，它今天之所以能出现在这里，其背后必然有其合理性。我们一定要谨慎，绝对不能无视这些背景和历程，或者不深思熟虑就草率行事。

即便是路边一块无足轻重的石头，一棵不起眼的小草，它能出现在那里，也一定有缘由。若是草木有心石头有口，它们必定会对我们诉说这一过程，告诉我们出现在这里的原委。

我们做事情，既要重视事情的结果，更要重视产生这个结果的过程。这样一来，人自然就会变得非常谦虚，也能避免做出草率的判断。

松下电器也是走过了不同寻常的历程才有了今天。这个过程不仅有苦难也有喜悦。有时看不见未来，只能匍匐穿过狭窄黑暗的隧道。即使在这种时候，大家也能团结起来以传统的精神为支柱，将内心紧密相连，隐忍自重，一直不断地努力才走到了现在。

关于这些成长的经历，希望大家要有所了解。特别是居于管理和监督岗位的人员，不仅要了解有关工作的知识，也要对公司的历史有深刻的理解。

自问 自答	你有没有草率地只谈论了眼下？希望你们不仅珍视今天，也重视和珍惜成就了今天的背景和历程。

打伞才能避免被雨淋

　　这已经是二十年前的事情了，那时我刚当松下电器的会长不久，有一位新闻记者前来采访。他问我："松下先生，您的公司取得了如此迅速的发展，您能向我透露一下现在贵公司得以高速发展的秘诀吗？"

　　要让我用一句话来说发展的秘诀，我一时间还真不知道该怎么回答了。我突然有了一个想法，于是就反问那个年轻的记者："如果下雨了，你会怎么办？"

　　这个提问可能相当出乎意料，他显现出一副非常吃惊的神态，似乎有点不知所措，尽管如此，过了一会儿他还是认真地给了我预期的答案："那样的话，我会打伞吧。"然后我就说："就是啊，下雨就要打伞。我的经营秘诀，或者说做生意的诀窍就在这里面。"

　　这个想法即使过了二十年也丝毫没变。一下雨就打伞，这样就不会被淋湿了。这是顺应天地顺应大自然法则的一种姿态，也是所有人都知道的常识，是极为平凡的事情。如果做生意或经营有秘诀的话，那就是要把这些平凡的理所当然的事情尽力做到极致吧！

自问自答	要以竭尽全力的心态把平凡的理所当然的事情做好。

正常的步伐

十几年前，日本经济高度增长时期，我在和一位美国人对谈时说过，我对日本的急速成长表示担忧。当时的日本实现了收入倍增计划，以惊人的速度在发展。这就好像是两条腿一直都处在跑步前进的状态。确实，跑步前进的话，一定会一时领先。但是，跑步不久就会让人气喘吁吁难以维持呼吸，我们必须中途停下来休息一下才行，有时还会引发心脏停搏。这不仅适用于个人，也适用于国家和公司。所以，跑步前进绝对不是令人满意的姿态。

那么"快步走"又怎么样呢？这比跑步要持久一些。但是长时间持续下去，还是会积累疲惫。那么，最令人满意的状态到底是什么呢？应该是"正常走"，是以完全和平时一样的步伐不断向前进。这种情况下，我们才能考虑如何保持自己和他人之间的平衡。我向那个美国人讲述了我的这种想法。

实际上，日本的经济又怎么样呢？令人遗憾的是，只有经济在飞速发展，教育、政治、社会公共设施和外交都没有跟上经济发展的脚步，甚至出现了停滞不前的情况。这说明日本在成为经济大国的过程中，出现很多脆弱之处是有其原因的。

自问自答	我们要以正常的步伐，坚持不懈地前行。希望你能以最令人满意的姿态向前迈进。

率先

我们公司在昭和三十一年（1957 年）发表了"五年计划"。我向公司全体人员提出了，以此为起点，希望我们公司在未来的五年里销售额每年都要达到八百亿日元。

当时，还没有哪家公司发表过类似的"五年计划"，在业界，我们公司率先制定并发表了"五年计划"。这在当时是史无前例的一个做法，因而受到了不少关注。从那以后，大家开始对松下电器抱有兴趣，或批判，或观望，都想看看"松下电器的营业额到底能不能达到这个数字"。总之，大家在不同程度地关注着我们。

在这样一个大家团结一致共同努力实现目标的过程中，我们都深切地体会到了使命的重大意义，坚定了自己一定要实现这一目标的信念。实现这一目标就表明了公司的发展。然而实现这个目标的意义绝不只有这些，它对我国经济和生产的发展都会产生巨大影响。我们所做的事情从各种角度来说都是有巨大贡献的，我们每一个人都应该感受到了极大的喜悦。

自从发布目标之后，大家一直坚持忍耐，费尽了苦心，顺利地克服了许多难题，终于在去年，也就是我们"五年计划"的最后一年，我们的年生产额突破了一千零五十亿日元。

| 自问自答 | 个人的发展和社会发展紧密相连，希望大家能感受到巨大的喜悦，并能和其他人一起分享这种喜悦。 |

　　永不言弃，直到成功

　　要想成功，就必须坚持不懈，不达目的不罢休。半途而废必然会以失败告终，所以不论遇到什么困难，我们都要想尽办法下功夫去解决。要毫不气馁坚持不懈，绝对不要轻言放弃。我们一定要向着成功坚持到底，这样一来，必然就会取得成功。

　　经营也是同样的道理。成功的经营从来都是靠永不言弃，坚持到底。因为一两次的失败和不顺利，就轻言放弃，另谋他路的话，就称不上是真正的经营。经营，就是无论发生怎样紧急的事态，陷入怎样的困境，都要毫不气馁积极应对，找到解决的出路，经过不断的努力展现更好的姿态的过程，不是吗？

　　当然，这并不像嘴上说的那么简单，需要经历千辛万苦。这会有一定的难度，不过当你战胜困难的时候，也许就会发现一种新的人生乐趣。

自问自答	为了成功，我们必须不断努力坚持到底。这件事情说起来简单做起来难，但我希望大家能克服困难，最终体会到其中的乐趣。

尽本分

　　丰臣秀吉在远方与劲敌对战，在他得知主公织田信长被杀后，便立即与对手议和，率军回师，成功讨伐了仇敌。这在当时看来，是遵循了那个时代的道德伦理。

　　但是对于秀吉的这种做法，后世的史学家们却有着多种不同的看法。有很多人认为，这是秀吉夺取天下的大好时机，所以他才会欣然撤军。但我并不这样认为，我认为这对秀吉来说是必须做且不得不做的事情。只有这样做才合乎情理，所以他才会紧急撤军，也才能为信长报仇雪恨，而自己的功绩也自然而然地受到了人们的认可。

　　如果他夺取天下的野心先发于前的话，事情的发展就不会如此顺利。我认为，这是他将自身的利害放到一边，只是专注做好自己应该做的事情，是他完成了自己必须完成的任务，尽了自己的职责和本分才会有的结果。我认为，只有心胸坦荡的人，才能不存私心，才能有这样的态度和行为。

　　从这一点来看，拥有一颗素直心的伟大之处就会显而易见，也容易理解。当然，不论是当时还是现在，处世方法和道德准则都有很大的差别，这个例子并不能原封不动适用于今天。不过，重要的还是不能存有私心，必须坚持做好我们的分内事。有的时候也需要我们不惜代价拼尽全力。只要我们能尽力做到这些，就算会面临巨大的困难，前方也一定会为我们敞开一条意想不到的大道。

自问 自答	我们一定能够战胜这个困难。 前方自有大道会为我们敞开。

道路无限宽广

被称作"发明大王"的爱迪生,在小学的时候是劣等生,仅仅在校三个月就退了学。可见,他并没有接受过像样的学校教育。然而,爱迪生从小就对事物有着非常强烈的探索欲望和研究精神。他对世间的自然现象和很多事情并不只是随便看看,而是对一切都提出了"为什么"。

据说,有的时候,他会捉住小鸟,认真地思考"为什么小鸟能在天空飞",并热心地研究起翅膀的构造;有的时候,他会钻到蒸汽机车的底下,完全不顾浑身上沾满油污,调查和了解机车的构造。虽然他常常会受到司机狠狠的斥责,但他还是乐此不疲,对未知的事物充满了热心。这就是爱迪生能有诸多发明的根本原因吧。虽然他没有学业上的老师,但是他在自然界中找到了自己的老师。

如果我们充满着开拓的热情,用心去看待事物,从中认真地学习、积极地探索,那么前面的道路将会无限宽广。只要我们用心,我们一定会发现有无数出色的老师在等待着我们。

自问自答	世间有数不胜数的老师。
	学无止境,道阻且长。

合理的战斗心

我们公司奉行的精神当中，有一项是"奋发向上"。公司事业的发展也好，个人的成功也罢，都离不开这种精神。运营企业、经营生意，都是一场严肃认真的战斗，都需要我们有旺盛的战斗到底的精神，否则只能失败。当然，这必须是一场堂堂正正的战斗。所以，我们要从根本上避免伤害他人，摒弃一人独占的想法和行为。无论在什么时候，这场战斗都应该是合理的竞争、正义的战斗。

没有积极作用的斗争和竞争，就无法期待获得事业的成功和个人的发展。没有这种精神的人，也是没有奋斗热情的人，对于我们的事业发挥不了积极的作用。

庆幸的是，我们松下电器的员工具有旺盛的"奋发向上"的精神。我认为这是松下电器能够取得成就的重要原因。因此，我也希望各位今后能够继续保持合理的战斗心，处理好每天的业务。

自问自答	要堂堂正正地战斗。 保持旺盛且合理的战斗心。 必须用正当的手段获取胜利。

像自来水管的水一样

　　"我们的经营，我们的事业，必须是比某些宗教更加繁荣的神圣事业、那么，那些经营上出现的封闭缩小的现象到底是怎么回事？这是经营不善导致的。自我束缚的经营，偏离正道的经营，以及单纯的商业经营，只是立足于自身习惯的经营，都是造成企业窘境的原因。我们自己必须破壳而出，摆脱这样的环境。"这个想法狠狠地敲打着我的心。

　　那么，神圣事业、真正的经营又是何物呢？它应该像这水管的自来水。经过加工的自来水被赋予了一定的价值。谁要是偷了有价值的东西就会受到责罚，这是常识。被加工的自来水拥有了价值，可也没听说过乞丐拧开水龙头尽情地饮用，会受到惩罚。这是为什么呢？因为尽管它有价值，但其储量过于丰富。对直接维持我们生命具有宝贵价值的水，因为储量丰富所以乞丐的盗饮行为会被宽恕，这给了我们怎样的启示呢？我认为它足以证明我们生产者使命的重大和崇高。生产者的使命是让宝贵的生活物资变得像自来水一样，取之不尽，用之不竭。无论多么贵重的东西都要增加数量，要以等同于免费的价格提供给人们。只有这样，贫穷才会消除。而因贫穷所产生的一切烦恼也都会消除。生活的烦恼也会急剧变少，越来越少。人应该在以物质为中心的乐园当中，享受宗教带来的精神上的安宁。这就是真正的经营，今天参观天理教让我懂得了真正的使命。

自问自答	自己应该做的事情到底是什么？ 自己被赋予的真正使命究竟是什么？

自然之理

拿破仑说过，"我的字典里没有'不可能'这个字眼"。有些人认为这是桀骜不驯。其实，就算这么说，还是会有很多不可能做到的事情，比如衰老不可逃避，死亡也不可避免。即便是拿破仑，晚年也遭到囚禁，没能逃脱悲惨的命运。所以，"没有不可能"这种说法是没有弄清楚人的立场的自大狂妄之语。

换个角度来看，它也是一句蕴含丰富真理的话。的确有很多人类不可能做到的事情。而要说这不可能做到的事到底是什么，那就是一切违背自然道理的事情，譬如人必定会衰老。人的衰老是大自然的规律，在现实生活中，有人不想老去要打破这个规律，也是做不到的。

反过来说，只要是符合自然道理的行为，全部都有实现的可能。我们的身体状况、人际关系和生意，所有的事情只要符合自然之理，就一定可以改变。从这个意义上来说，我认为拿破仑说的话蕴含着一定的道理。实际上，拿破仑本人也正是因为违背了自然之理才走上了自取灭亡的道路。

| 自问自答 | 人若违背自然之理就会自取灭亡，这是一个自然规律。我们的生活方式是否符合自然之理？ |

杜鹃不鸣亦可

　　怎样才能参透自然之理呢？我认为要不被任何外因牵制，专注于拥有一颗素直心。毫无疑问，能以一颗素直心坦率地看待事物的人很少会出错。因为他能看得见世间的道理。能够坦率处世之人都非常了不起。同样，不能坦率处世，总是被束缚的人很难取得成功。

　　人们经常会提及与信长、秀吉、家康相关的三个名句：织田信长的"杜鹃不鸣则杀之"，丰臣秀吉的"杜鹃不鸣则诱之"，德川家康的"杜鹃不鸣则候之"。我不知道这是他们自己的创作，还是为了直观地表现他们的性格特点由后人创造的。但这些话都表现出了他们对杜鹃鸣叫的期待。也就是说，大家都很在意"杜鹃鸣叫"这件事。

　　我认为，无论什么事情，如果受意志束缚，就不会成功也不会顺利。如果是我的话，我会秉持"杜鹃不鸣亦可"的态度。也就是说，我认为看待事物应该抱有一种自然的态度，不要勉强为之。要做到这一点并不容易。

| 自问自答 | 希望大家都能发现本心，掌握自然之理。
这是信长、秀吉、家康都没有注意到的真理。 |

物心一体

众所周知，"人不能只靠面包活着"，人仅靠物质无法获得幸福。无论物质多么充裕，如果内心感受不到平安，心灵得不到满足，人就无法获得幸福。所以，宗教以及其他精神上的引导，对于人类来说都是不可或缺的。它可以化解烦恼，慰藉心灵。当然，人类如果没有面包就难以生存，也就是说没有物质基础的支撑，人是无法生存的。

事实上，对于人类生活来说，物质的充裕的确极为重要。归根结底，只有我们的身心在物质和精神层面都达到了相同程度的充实富裕，我们才能获得真正的幸福。如果宗教会为我们带来精神层面的充实，那么犹如车有两轮一般，以消除世间贫困为目的的物质生产活动就会为我们创造物质层面的富裕。由此可见，物质生产活动有着可贵的价值。而正因如此，参与物质生产活动的企业肩负着非常重大的社会责任。

自问 自答	追求精神和物质的共同繁荣需要企业做些什么？ 企业究竟承担了多少理应承担的社会责任？

顺时顺势

　　如果说生成发展是自然的理法，那么我们每天的生活也必须按照这个理法日新月异。为了经营日新月异的生活，大家应该每天都动脑子想办法创造出新的见解和办法。有种说法叫"十年如一日"，如果我们的工作，十年间都是千篇一律没有任何变化，那就违反了生成发展的原理。

　　这是幕府末期的一个故事。维新志士之一的坂本龙马，经常会和西乡隆盛畅谈。每次见面，坂本的想法都会发生改变。因此，西乡隆盛每次的感受都是不同的。有一天，西乡先生斥责他说："前天见面的时候你说的怎么和今天说的不一样呢？这样的话，你说的话我就无法相信了。作为心怀天下的志士要想受人信任，一定要有坚定不移的信念。"这时，坂本龙马说道："绝对不是如此。孔子说：'君子顺时而动。'时间每时每刻都在变化，社会形势每天也在发生变化。所以昨天的'是'很可能就成了今天的'非'，这是理所当然的。顺时而动，才是君子之道。"然后，他接着说道："西乡先生，你一旦有了自己的想法，就会始终如一，一直守护着它。但这样，将来你一定会落后于时代的。"

　　对于西乡隆盛这样的人物，我们在此最好不要对他进行轻率的批判。不过，如果从生成发展这个原理来考虑，谁说的话更加正确？和西乡隆盛先生相比，我会更加认同坂本龙马的看法。

自问自答	生成发展以及日新月异都是自然规律。 希望大家像龙马一样，紧跟时代的步伐。

符合时代的阐释

我们经常听到有着悠久历史及传统的老铺陷入了经营困境的消息。这绝对不是因为他们没有正确的经营理念。相反，他们自创业以来就有着明确且出色的经营理念。虽然有着这样的理念，但实际的方针和做法很难适应当今这个时代。有不少地方十年如一日地坚守着过去的成功经验。当然，即便是过去的做法，如果有令人满意的地方继续坚持下去也是应该的。可是，随着时代的变迁，那些必须改变的还是要一一改变才有未来。

如果我们从宗教的角度来考虑的话，自然也能明白这一点。那些非常伟大的堪称宗师或祖师的人倡导的教诲，就其本质而言大多适用于任何时代，是通用性极高。可就其表达形式来说，如果一直沿用很久以前的说法，可能很难被人接受。因此，将这些优秀的教诲以符合时代的方式进行阐释，才能被人们广泛地接受。而在现实生活中，那些将祖师的教诲用符合现代的表达进行阐释的团体，也和过去一样凝聚着众人的信仰，获得了大家的认可。

| 自问自答 | 只有践行教诲，教诲才能成为不变的真理。
越是深刻的教诲，越是需要翻译成现代语。
大家有没有什么需要翻译成现代语的教诲？ |

信用一朝尽毁

我们在过去建立起来的信用非常重要。然而要想损害、毁灭这些常年积攒下来的信用，只需一朝一夕的工夫。这就好像是要花费一年的时间才能建成的建筑物，要摧毁的话只需三天就可以一样。

因此，我们不能简单地认为，只要凭借过去的信用就可以挂起暖帘来做生意。而是要时常准确地捕捉和了解客人当下的需求，并及时回应其需求才对。所以对我们来说，重要的就是每天都要努力创造出新的信用才可以。

自问 自答	信用容易一朝尽毁。 因此，每日必须努力创造出新的信用才可以。

不必悲观

即使陷入困境也不要悲观。我有过财产转眼之间就化为乌有，还产生了巨额的个人债务的经历。这也比死去的人要幸运，一想到有很多人中弹身亡，就觉得自己真的十分庆幸，这样一来就不会悲观了。于是，我想我应该带着愉快的心情克服这个困难，解决这个问题。我就是这样一路走过来的。

在一般人眼里，我当时的状况应该已经到了不得不上吊自杀的地步！我之所以没有上吊，是因为我知道还有很多比我更加不幸的人。我觉得自己是幸运的，是受到老天眷顾的，受到眷顾的自己应该是幸福的。所有这些事情，我几乎都考虑了。于是，我就不再悲观，而是更加认真努力地将精力投入到工作中去，结果我真的就获得了事业的成功。这难道不让人感到鼓舞和欣喜吗？

自问自答	无论遇到什么事情都不要悲观。还有许多人处境比你更艰难。因此，希望你能成为一个懂得感激自己当前境遇的人。

社会岂会停滞不前

我认为，就本质而言，人类社会并不会停滞不前。人类从古至今已经持续生存了数百万年，并逐渐发展到了今天，所以决不会走投无路而就此结束的。我相信今后也会像现在这样，会有各种各样现实的问题让大家感到艰难和困苦，但我们终究会找到解决办法和发展之路。这绝对不是一件容易的事，但是作为一名经营者，面对动荡的时代我们至少应该秉持着这种基本的信念。

自问自答	本质上，人类社会绝对不会停滞不前。 这是作为经营者理应认可的基本信念。

如行大道

我认为，当你拥有坚定的信念就会消除内心的动摇，就能贯彻自己的信念。你既不会因为巨大的成功而惊喜，也不会因为重大的失败而震惊。不论发生什么情况，都会像行走在平坦大道上一样，践行自己的处世之道。

如果没有这样的信念，就会因一点点的好事高兴得忘乎所以，也会因一些不好的事情就感到悲观失落而陷入消极的情绪之中。一旦如此，自己的内心就会动摇，或者是将自己的失败置之不理，而去嫉妒别人。这样一来，怎么可能会产生积极的心态？受到这些非生产性因素的影响，内心只会越来越贫瘠。

自问
自答

毫不动摇，既不会高兴得忘乎所以，也不会顿感失落悲观失望。毫不动摇，不把失败置之度外，不嫉妒别人。要有积极的生活态度，不落入不产生价值的内心贫瘠的消极状态。

天马行空

除夕之夜，我作为审查员出席了 NHK 的红白歌会。因为我们是靠卖电视机吃饭的，所以受到邀请就不能拒绝，必须出席。哈哈哈……如您所见，我是一副非常严肃的表情。被聚光灯一照，我还是会意识到不能做出什么奇怪有趣的表情。真是太累了！节目结束已经是晚上十一点四十五分，离末班飞机只有二十分钟了。能不能赶得上这个末班飞机原本很难说，还好因为 NHK 的协商，总算是赶上了。

飞机起飞后，我突然意识到，四十一年，马年元旦的一大早，载着我的飞机就在天空中飞翔。"这就叫'天马行空'吧？马年出生的我，现在不正在天空行走吗？这真是太幸运啦！"这些使我心情大好。虽然目前经济尚处萧条时期且困境重重，但我的公司状况已经如同"天马行空"发展得很顺利。

自问自答	我运气果然不错，来年会更好。所有的一切一定都会非常顺利。就像"天马行空"一般畅通无碍。

10分钟了解松下幸之助

松下幸之助先生于平成元年（1989 年）去世。在世时，他经营了多个领域的事业。本书所选取的内容大多来自其著作和发言，充分反映了当时幸之助先生的工作内容以及其关心的事情。为了便于读者阅读，我们整理了"幸之助的一生"，希望能对大家有所帮助。

创业者的第一步

松下幸之助出生于明治二十七年（1894 年）11 月 27 日，和歌山县人，兄弟八人中他排行最小。松下家属于小地主阶级，资产颇丰，相当富有。然而在幸之助四周岁时，其父从事的大米期货交易失败，他们不得已变卖了祖传下来的土地和房屋。

幸之助在九岁时从普通小学退学，只身前往大阪当学徒，在火钵店打过短工，之后在船场的五代自行车店做小工，一直工作到 15 岁。在这期间，他受到了很好的锻炼，积累了一些基本的经商经验。他领悟到的教诲和积累的经验，在后来对松下电器的经营管理中都得到了充分的应用。

立志从事电气工作的幸之助，于明治四十三年（1910年），也就是他 15 岁的时候转行到了大阪电灯（之后的关西电力），成了一名配线工，主要是给大楼装电线安电灯。他在大阪电灯工作的近七年里，小到住宅、店铺，大到剧场和大型工厂，几乎所有的工程他都参与了，还承接过大阪新世界通天阁的工程。

在职期间，他以自己的方式对电灯的插座进行了改进，以此为契机，他在 22 岁的时候开始独立制造电器器具。当时制作的改良插座难以销售，资金用尽，陷入了难以维持生计的危机之中。就在这个时候，订单从天而降使他摆脱了困境。第二年，也就是大正七年（1918 年）年 3 月，他成立了松下电器器具制作所。当时他们出售的改良插头，二灯用插销等深受欢迎，到当年年底其员工就已经增加到了 20 多名。

此后，他相继推出了电池式汽车用的炮弹型灯具、超级熨斗和方形电池式的国民电灯等，都深受欢迎。幸之助先生不仅创造出了划时代的新产品，而且在销售方法、宣传方法上也打破了业界的常识，成为电器行业的革命者。

对"产业人的真正使命"的感悟

幸之助先生逐渐意识到企业履行社会责任的重要性。昭和四年（1929 年），他将松下电器器具制作所改名为"松下电器制作所"，并制定了非常简洁的表现松下电器经营理念的纲领和信条。他提出了经营的基本方针：不把经营事业作为单纯赢利的手段，更要为社会尽到产业人的本分。

同年，因为爆发世界经济危机，企业倒闭、工厂关闭、人员削减的暴风雨席卷全球，松下电器的销售额也减了一半，面临自创业以来未曾遇到的仓库堆满库存产品的严重事态。当时，在病床上的幸之助指示干部："生产减半，但是一个工人也不能解雇。生产量减半，工厂上半天班，但要全额发放日薪。营业员要放弃休息日，全力以赴销售存货产品。"就这样，公司成功地渡过了这场危机。

昭和七年（1932 年），他领悟到了被称为"自来水哲学"的"产业人的真正使命"，并向全体员工发表了自己的感悟：我们要将物资像自来水一样以低廉的价格无穷无尽地提供给大众，通过这样的方法使日本富裕繁荣起来，要达成这一目标需要 250 年。一个人知道了自己真正的使命，才算是开始了真正的创业。正因如此，幸之助先生将同年定为"创业命知元年"。

昭和八年（1933 年），幸之助先生根据个人构想施行了事业部制。这在日本是首例。事业部制是指从生产到销售所有的事情都委托给负责人。引进这一制度有两个目的：一个是通过事业部制明确成果和责任，尝试贯彻执行"自主责任经营"制度；一个是通过让负责人承担经营责任，促进负责人实现自我成长。

考验、复活，以及飞跃

昭和二十年（1945 年），幸之助先生决定立即恢复民需生产，他对员工发布了"处理紧急情况的经营方针"。但幸之助先生被指定为财阀家族，受到开除公职等七大限制。公司的经营状况急剧恶化，陷入解体危机。这种遭受污蔑的痛苦持续了近五年。

一直以来，幸之助先生都认为"人类本应过上更和平、更富裕、更幸福的生活"。他渴望向更多的人讲述自己的这种想法。于是，在昭和二十一年（1946 年），他以"通过繁荣带来和平与幸福（Peace and Happiness through Prosperity）"为口号，开始集结众智研究如何才能实现这个愿望的策略，并创立了 PHP 研究所作为开展实践运动的机构。这个活动，与松下电器的经营均成为幸之助先生的重要活动之一。

昭和二十六年（1951 年），为了让松下电器的经营能够具有国际视野，在世界舞台得以发展，他视察了欧美各国，并于 1952 年与荷兰的飞利浦公司建立了技术合作。通过建立合作关系，松下电器开启了飞跃发展的步伐。

另外，一向非常重视向员工展示理想和目标的幸之助先生，还于昭和三十一年（1956 年）向公司员工发布了五年内销售额翻四倍的具有划时代意义的"五年计划"。在那个时代，没有民间企业发布长期计划，它让世人感到非常震惊。实际上，只用了大约四年的时间松下电器就完成了这个计划。从昭和三十年代的后半期到四十年代，他又一个接一个地提出了"每周五日工作制""要超越欧洲，达到和美国同等的工资水平"等目标。最终所有这些目标全都实现了。

忧国之思从未停止

昭和三十六年（1961 年），幸之助先生辞去松下电器社长一职，就任会长，退出了经营第一线。他于昭和二十五年（1950 年）重新开始了有所中断的 PHP 研究。从这个时候开始，幸之助先生积极地发表言论。在《文艺春秋》昭和三十六年12月号上，他发表了一篇题为《收入倍增的宿醉》的文章，给弥漫着傲慢之心的社会敲响了警钟，并在电视上与池田勇人（当时日本首相）进行对话，不仅发表了自己对于提高物价的看法，也对教育和政治等诸多方面提出了自己的建议。

美国《时代》周刊和《生活》杂志分别于昭和二十七年（1962年）和昭和三十九年（1964年）以"最了不起的经营者"为主题报道了幸之助先生。特别是《生活》杂志，把幸之助先生称为"最佳产业家、最高收入者、思想家、杂志发行人、畅销书作家，一位拥有五张面孔的人物"，并对其进行了专题报道。由此，幸之助先生的名声开始享誉全世界。

他也曾再次回到松下电器经营的第一线。在昭和三十九年（1964年）经济不景气的时候，他察觉到销售公司以及代理店的经营状况非常艰难，于是召开了"全国销售公司代理店社长座谈会"（通称"热海会谈"）。在这次座谈会上，他亲自站到讲台上和大家进行了长达13个小时的讨论，以令人感动的和解告终，并和众人约定改革销售体制。从次月开始大约有半年的时间，他代替因病疗养的营业总部部长，指挥全国销售公司网络的重组，推进销售制度改革，为突破难局开辟出了道路。

晚年，幸之助先生一直都在京都别墅"真真庵"埋头于PHP研究。他通过著书以及讲话提出了很多积极的建议，在思想方面给社会带来了很大的影响。于昭和二十二年（1947年）创刊的机关杂志《PHP》在昭和四十四年（1969年）的发行量达到了数百万册；从昭和四十年（1965年）开始连载的《新日本·日本的繁荣谱》，已发表75回，在这个长篇连载中，他就政治、经济、教育等诸多领域提出了建设性的意见；他还相继出版了《我作为一名日本人的愿望》《思考人类——提倡新人生观》《如何救助崩溃的日本》《新国土创立论》《我的梦·日本的梦·21世纪的日本》等，在当时引起了极大的反响。

幸之助先生认为，为了改善社会，以政界为首的各领域中必不可少的就是人才。于是，他决心设立以"探求在21世纪实现理想的日本所需的基本理念并培养践行这一理念的领导者"为目的的"松下政经塾"。为此，他投入了70亿日元的个人财产。"松下政经塾"于昭和五十五年（1980年）开塾，当时，幸之助先生已经85岁。在政经塾里，他亲自给塾生们讲话，并组织大家讨论。为了培养人才，幸之助先生进行了不懈的努力。

在87岁时，他为了创建"日本国际奖"设立了财团（现为国际科学技术财团），并就任首届会长，并于88岁时成立了"思考世界的京都座谈会"等，幸之助先生一直坚持社会活动。

平成元年（1989年）4月27日，94岁的松下幸之助与世长辞。